暮らしをつくりかえる
生活経営力

㈳日本家政学会
生活経営学部会

編

朝倉書店

執筆者

宮本みち子*	放送大学
工藤由貴子*	文部科学省
鈴木敏子*	横浜国立大学
吉井美奈子	樟蔭東女子短期大学
朴木佳緒留	神戸大学
濱田格子	関西国際大学
三沢徳枝	創造学園大学
赤塚朋子*	宇都宮大学
井上えり子	京都教育大学
花城梨枝子	琉球大学
久保桂子	千葉大学
堀越栄子*	日本女子大学
嶋崎東子	旭川大学
上村協子*	東京家政学院大学
天野晴子	日本女子大学
石田好江*	愛知淑徳大学
大藪千穂	岐阜大学
角間陽子	福島大学
草野篤子	白梅学園短期大学
李基栄	ソウル大学校
李秀眞	日本学術振興会
大竹美登利*	東京学芸大学
松村祥子*	放送大学

*編集担当　　　　　　　　（執筆順）

はじめに

　私たちは今，社会，経済システムの大転換の時期にいる．人々が生活形成のより所としてきた家庭，職場，地域社会における機能が変容する中で，従来型の生活支援の方法では対応できない生活課題が急増している．一方，社会に眼を転じると，福祉・医療・環境など生／生命／自然にかかわる領域の重要性が高まり，人々の生命や生活を守る生活価値をいかにして社会の共通コンセプトにしていくかの議論が盛んに交わされるようになっている．

　このような現状をとらえ，誰にでも安心と信頼と希望のある生活が保障される社会へと変革していくには，これまでめざしてきた豊かな生活の実現をめざす生活経営力に加えて，生活者が積極的に参画し自らの暮らしをつくりかえながら社会をもつくりかえるといった新たな生活経営力の形成が求められる．すなわち，生活の実態と課題を把握し個々の生活者の抱える生活の諸問題を解決するだけでなく，それらの課題を生活の内部的条件と外部的条件の双方を視野にいれた社会的な脈絡の中におき，公と私の関係性を問い，協力・協働のための場やしくみづくりを行いながら社会システムを変革し「暮らしをつくりかえる生活経営力」である．

　本書は，このような新しい時代の「生活経営力」を高めることを社会の共通目標として掲げ，個人や家族が生活経営の主体にふさわしい生活経営力を獲得していくために何をすればいいかを明らかにすることを目的に執筆された．1章から6章では①生活の価値・規範，②生活経営主体，③生活資源，④生活経営の組織，⑤生活ガバナンス，⑥生活経営力というコア概念を取り上げて生活経営を枠づけている．2章から5章までの各章は2部構成となっており，章の前半ではこれまでの学説を整理し，それに関連した生活経営の視点を明らかにする．章の後半では，それに関連した様々な活動の事例を紹介する．これらに加え，序章では本書で取り上げた概念の前提となる現代生活の枠組み，終章では暮らしをつくりかえる方策を提案した．

はじめに

　本書が，大学や短大の家庭経営学，家庭管理学，生活経営学，消費者教育，生活政策などのテキストとして使われ，役立てていただければ幸いである．また，家庭科教員，社会科教員，消費生活センターの相談員，民生委員，生活ビジネスの企業家をはじめ地域コミュニティで生活改善に取り組んでいる人々など，人々の生活支援に関心をもつ広い範囲の方々にも手に取っていただけるよう願っている．

　本書は生活経営学部会設立40周年を記念し，その歴史の中で蓄積した研究の成果をもとに著わされた．生活経営学部会（1997年以前は家庭経営学部会）は，全国におよそ300名の会員をもつ研究教育組織である．10周年記念として『「日本型福祉社会」と家庭経営学』，20周年には『21世紀のライフスタイル』，25周年には『転換期の家族』（翻訳），そして30周年には『福祉環境と生活経営』を刊行し，その時々の問題意識と研究成果を世に問うてきた．いずれも反響は大きく，部会を超えた様々な分野の方に取り上げていただくことができた．

　40周年に出版される本書は，部会長，常任委員を中心に，元部会長の協力を得て編集委員会を構成し，上記に述べたような編集方針及び趣旨を決定した．事例報告の執筆者は会員から募集し，それぞれの章の主旨にそって執筆を依頼した．

　本書が生活の安心，安定に向けた変革に役立つよう，そして私たち自身，生活経営の研究教育の立場からよりいっそう社会に貢献できるよう願ってやまない．

　なお，本書の刊行にあたっては朝倉書店編集部の方々に大変お世話になった．記して感謝の意を表したい．

　2010年2月

　　　　　　　　　　　　　　　　　　　（社）日本家政学会生活経営学部会
　　　　　　　　　　　　　　　　　　　　40周年記念出版編集委員会

目　　次

序　生活経営がとらえる現代生活の枠組み……………………(宮本みち子)…… 1
 a.　変わる生活実態………………………………………………………… 1
 b.　自助・共助・公助とガバナンス……………………………………… 3
 c.　福祉社会と市民………………………………………………………… 4
 d.　新たな生活経営の構築に向けて……………………………………… 5

1　生活経営―新しい価値・規範の創造へ―………………(工藤由貴子)…… 7
 a.　生活経営と生活の価値・規範………………………………………… 8
 b.　時代の価値と生活者の価値…………………………………………… 9
 c.　生活経営―新しい価値の創造へ―…………………………………… 13

2　生活枠組みの変容と新たな生活経営主体の形成
 2.1　生活経営主体とは何か………………………………(鈴木敏子)…… 16
  a.　変容する家族と法や制度とのギャップ……………………………… 16
  b.　小さくなった世帯の規模……………………………………………… 17
  c.　少子高齢社会の進展…………………………………………………… 19
  d.　日本型雇用慣行の崩れと生活不安の拡大・深化…………………… 21
  e.　男女共同参画社会の理念と生活経営主体…………………………… 22
  f.　新たな生活経営主体の形成…………………………………………… 24
 2.2　生活枠組みの変容と新たな生活経営主体の事例
  2.2.1　夫婦別姓からとらえる生活枠組みの変容と生活経営主体
　　　　　　　　……………………………………………………(吉井美奈子)…… 26
   a.　別姓への様々な主張………………………………………………… 26
   b.　別姓を望む理由……………………………………………………… 29
   c.　多様な価値形成に向けて…………………………………………… 32
  2.2.2　自助・共助・公助の三者連関の中でつくられる生活経営主体

　　　　　―子育て支援を事例として―……………(朴木佳緒留・濱田格子)…… 33
　　　a. 子育て支援をとらえる視点………………………………………… 34
　　　b. 子育て支援の事例―Aさんの軌跡を語る―…………………… 34
　　　c. 生活経営主体形成をとらえる新たな枠組み…………………… 38
　　　d. 自助と共助の間…………………………………………………… 38
　　　e. 自助，共助，公助の関係性……………………………………… 39
　2.2.3 ホームレスへのハウジング・ファースト・アプローチによる
　　　　生活経営主体の形成……………………………………(三沢徳枝)…… 41
　　　a. ホームレスへの支援―特定非営利活動法人の取り組み
　　　　（埼玉県，ほっとポット）―…………………………………… 41
　　　b. 生活経営の形成を支える社会の責任…………………………… 45
　　　c. ハウジング・ファーストアプローチによる生活経営主体の形成
　　　　……………………………………………………………………… 48

3 生活の社会化の進展と生活資源のコントロール

3.1 生活の社会化と生活資源コントロールのありよう…………(赤塚朋子)…… 50
　　　a. 生活の社会化とは何か…………………………………………… 50
　　　b. 生活資源とは……………………………………………………… 51
　　　c. 生活の社会化と生活資源コントロールのありよう…………… 52
3.2 生活の社会化と生活資源コントロールの事例………………………… 59
　3.2.1 市民活動家のライフヒストリーにみる生活の社会化と生活資源の
　　　　構築………………………………………………(井上えり子)…… 59
　　　a. Wの経歴とエンパワメントプロセス…………………………… 59
　　　b. 意識化レベル―正義感の強い母と青年教師たちとの出会い― 61
　　　c. 参加レベル―組織づくりの基本を学ぶ―……………………… 61
　　　d. コントロール・レベル1―地域で子育てを支える生活資源の構築―
　　　　……………………………………………………………………… 62
　　　e. コントロール・レベル2―地域で高齢者を支える「Kの家」の活動―
　　　　……………………………………………………………………… 63
　　　f. おわりに…………………………………………………………… 65
　3.2.2 多重債務者のエンパワメント

　　　　　―生活資源のコントロールを取り戻す―……………(花城梨枝子)…… 67
　　　a. はじめに―金銭の商品化の進展― ……………………………… 67
　　　b. 金銭資源の不足……………………………………………………… 68
　　　c. 労働力としての人的資源が不安定………………………………… 69
　　　d. 親世代からの貧困の連鎖―生まれた家族からの影響―………… 69
　　　e. 社会保険等の生活支援資源へアクセスができない多重債務者…… 70
　　　f. エンパワメント―生活資源獲得のプロセス―…………………… 71
　　3.2.3　病児・病後児保育の社会化の進展と生活資源の開発
　　　　　……………………………………………………(久保桂子)…… 75
　　　a. 病児・病後児保育の誕生…………………………………………… 76
　　　b. 国の病児・病後児保育事業の展開………………………………… 77
　　　c. 民間の病児・病後児保育事業の事例……………………………… 79
　　　d. 病児・病後児保育という生活資源の開発………………………… 82

4　参加と協働でつくる生活経営の組織

　4.1　参加と協働による生活経営………………………(堀越栄子)…… 84
　　　a. 生活経営の新しい地平を開く組織………………………………… 86
　　　b. 市民活動団体での活動により生まれるもの……………………… 89
　　　c. 課題と展望…………………………………………………………… 90
　4.2　参加と協働でつくる生活経営組織の事例……………………………… 93
　　4.2.1　協同居住を支える生活経営組織―「コレクティブハウスかんかん
　　　　　森」の事例より―…………………………………(嶋崎東子)…… 93
　　　a. コレクティブハウジングとは……………………………………… 94
　　　b. 「コレクティブハウスかんかん森」と「居住者組合森の風」の概要
　　　　　……………………………………………………………………… 94
　　　c. 協同居住の意味……………………………………………………… 97
　　　d. おわりに……………………………………………………………… 100
　　4.2.2　地域通貨によるコミュニティデザイン
　　　　　―できることのネットワーク化―……………(上村協子)…… 102
　　　a. 貨幣を見直す………………………………………………………… 102
　　　b. 地域通貨の事例……………………………………………………… 104

c. 地域通貨が生みだす参加と協働の生活経営……………………… 107
　4.2.3 女性農業者のエンパワメントを通したネットワーク形成と生活
　　　　経営………………………………………………（天野晴子）…… 110
　　　a. M地方における女性農業者の育成とその背景………………… 111
　　　b. 組織の形成と個人のエンパワメント…………………………… 111
　　　c. 行政によるきっかけづくりとサポート………………………… 112
　　　d. 組織と生活経営…………………………………………………… 113
　　　e. 組織から新たな組織へのネットワーク展開…………………… 115
　　　f. おわりに…………………………………………………………… 116

5　生活経営主体者が参画する新たな生活ガバナンス

　5.1 生活者参加型の生活ガバナンス……………………（石田好江）…… 120
　　　a. ガバナンスの登場と日本の現状………………………………… 120
　　　b. 生活ガバナンスとは何か………………………………………… 121
　　　c. 生活ガバナンスのツール………………………………………… 124
　5.2 生活経営主体者が参画する新たな生活ガバナンスの事例………… 129
　　5.2.1 住民参加による河川環境保全と生活ガバナンス……（大藪千穂）…… 129
　　　a. 「とりもどせいきいき川懇談会」の活動……………………… 129
　　　b. こどもが遊べるきれいな川……………………………………… 132
　　　c. 生物がすめる自然な川…………………………………………… 133
　　　d. ごみのない川……………………………………………………… 134
　　　e. 親しみのある川…………………………………………………… 135
　　　f. 安全な川…………………………………………………………… 136
　　　g. 住民参加・住民主導の生活ガバナンス………………………… 136
　　5.2.2 世代間交流プログラムと生活主体参加型ガバナンス
　　　　　―欧米の事例から―……………………（角間陽子・草野篤子）…… 137
　　　a. 世代間交流の意義………………………………………………… 137
　　　b. 世代間交流の展開とプログラムの必要性……………………… 138
　　　c. 欧米の世代間交流プログラム…………………………………… 139
　　　d. 世代間交流の課題とガバナンスへの展望……………………… 142
　　　e. 超高齢社会における生活主体参加型ガバナンス……………… 143

5.2.3　韓国の新たなガバナンスが構築する家族支援システム
　　　　　　　　　　　　　　　　　　　　……………………（李　基栄・李　秀眞）…145
　　　a. 家庭に対する公的支援の必要性……………………………145
　　　b. '健康家庭基本法'制定過程および内容…………………146
　　　c. '健康家庭基本法'の施行実態………………………………148
　　　d. 事例からみるガバナンスの実践……………………………149
　　　e. 効果的家族支援システム構築とガバナンスの意味………152

6　持続的で改善チャンネルのある生活における生活経営力
　　……………………………………………………………（大竹美登利）…154
　　　a. 生活経営とは何か……………………………………………155
　　　b. 生活経営の守備範囲の広がり………………………………157
　　　c. 生活経営力とは何か…………………………………………158
　　　d. 「持続的で改善チャンネルのある生活」の生活経営……160
　　　e. 暮らしをつくりかえる生活経営力を求めて………………161

終　暮らしをつくりかえる………………………………（松村祥子）…163
　　　a. 生活の内部的条件と外部的条件の関係性の変化…………164
　　　b. 生活にかかわる公共政策のあり方…………………………165
　　　c. 「暮らしをつくりかえながら，人と社会をつくりかえる」生活経営
　　　　　力……………………………………………………………168

索　　引……………………………………………………………………170

───────── コラム ─────────
家族と世帯，標準家族　（鈴木敏子）　25
資源と資本　（赤塚朋子）　58
市民参加のはしご　（堀越栄子）　92
住民と市民　（石田好江）　129
生活経営支援の専門職　（松村祥子）　169

序 生活経営がとらえる現代生活の枠組み

現代生活をとりまく社会経済環境の変化に伴って，新たな生活経営の課題とその解決の方法を明らかにし，それを可能にする環境整備が求められている．高度経済成長期に確立した社会制度，社会意識，ライフスタイルは，高度経済成長を支えた基礎的条件の消滅のため，この時期に形成され定着した多くの「生活標準モデル」を，標準的ということはできなくなり，その結果多くの問題が発生している．

そこで，この章では，現代生活を構造化している社会環境の変化とその特徴を述べ，生活経営が直面する課題について述べる．

a. 変わる生活実態
(1) 進む雇用の流動化

日本企業の終身雇用制と右肩上がりの成長経済は，戦後から近年までの日本人の価値観とライフスタイルを構成する重要な条件であった．人々は，企業による福祉の提供（企業福祉）と帰属する場としての会社コミュニティによる生活全般の保障と引き換えに，会社によって拘束されることをいとわなかった．そのことは，ライフスタイルの画一主義・集団主義をもたらした（宮本，2006；宮本，2008）．

しかし1990年に始まる雇用の流動化は生活経営の前提を覆す大きな変化であった．雇用流動化の背後に，グローバル化やIT化による産業構造の変化があった．グローバル経済競争に対する企業の戦略は，日本経済団体連合会が1995年に発表した『新時代の日本的経営』と題するレポートで提示され，その後の流れをつくった（日本経済団体連合会，1995）．そこでは，長期的雇用慣行や企業内福利厚生の対象を，総合職，管理職など一部基幹的労働者からなる「長期蓄積能力活用型」のグループに限定している．一方専門性が高く外部

委託が可能な「高度専門能力活用型」ならびに一般的・定型的業務の「雇用柔軟型」のグループに関しては，有期雇用契約を中心とし，福利厚生も生活擁護的施策に限定していく構想が示されていた．その後，企業は徹底した人件費の削減のため，正規雇用者を削減し，非正規雇用者へと転換を進めた．その過程で，従来の労働法制の改変が急ピッチで進められた．

1990年代から2000年代にかけて労働の世界で起きた変化は，人々のくらしに非常に大きな転換をせまるものであった．無期限の雇用を保障された正社員（正規雇用者）を削減し，身分保障の対象とならない有期雇用・パート・派遣・請負等の非正規雇用者や非典型雇用者を増やす方向へと人事制度が転換し，会社を通じた雇用・生活保障からはずされた人々が急増している．そのうえ，財政悪化のなかで小さな政府が求められ，国による生活保障機能も後退し，ここでも生活の自己責任が求められるようになっている．このように，国家と企業による長期の生活安定を得られなくなり，不確実性が高まりつつあるのが現在の生活実態である．2000年代に入って，所得の低下が顕在化しているが，貧困世帯は，高齢者層および母子家庭に顕著である．また，20代，30代などの若年層でも所得低下が進んでいる（舩橋・宮本，2008）．

少子高齢化は着実に進行し，脱家族化も進む結果，家族扶養に頼れない高齢者その他の人口はますます増加している．また，"会社"を通じた雇用・生活保障機能が低下するなかで，"会社"からの自立が必要とされ，自分の人生に対する「自己責任と自己選択」が求められようとしている．

(2) 悪化する財政事情のなかでの生活保障

生活経営にとって，公的年金制度，医療保険制度をはじめとする公的サービスは不可欠の条件となってきた．しかし1990年代以降，バブル経済が崩壊し，経済が長期低迷し税収は減少するなか，財政は急速に悪化するようになった．しかも予想をはるかに上回る高齢化の進行による社会保障費の急増のため，財政赤字は膨張するようになった．他の主要先進国が1990年代に財政健全化を進めた成果と比べると，日本の財政は最悪の状態にある．

国民所得に占める税・社会保障費負担の割合（国民負担率）は2004年に35.5％で，この割合は主要先進国のなかでは最低水準であるが，高齢化に伴い今後大幅に引き上げが必要となってくる．一方，財政赤字分は膨張を続け，にわかには解消できない額に達している．これは，将来世代に負担を先送りをし

ながら，現世代が負担分以上に受益していることを意味する．税・社会保障費にこの財政赤字分を加えると，その金額は国民所得の45％に達しているが，少子高齢化が進むなかで今後，国民負担率は大幅に上昇することが予想される．

b. 自助・共助・公助とガバナンス

第二次世界大戦後，先進国に広がった福祉国家という社会モデルは，1970年代以降の経済のグローバル化，ポスト工業化への転換のなかで，どの国も深刻な国家財政の悪化にみまわれ，変貌を余儀なくされた．1980年代にはどの国でも，規制緩和，分権化，市場化，民営化への動きが活発化したが，これらは福祉国家路線への大胆な挑戦であった．

福祉国家に替わって登場したのが福祉社会で，その特徴を現すものとして「福祉ミックス」，「福祉多元化」「第三の道」などの用語が使われた（日本家政学会生活経営学部会編，2000）．画一的で巨大化した公的部門の福祉サービスを削減して分権化し，福祉の担い手として，家族，企業，地域，NPO，NGOなどの民間非営利部門を含む多様な福祉供給主体が政府とともにそれぞれの役割を果たすという構造である．

人の生涯は，個人の自覚や家族の自助だけでは成り立たない．他の人々と相互依存的で共同的な関係を維持しながら生活を営んでいる．これを共助（相互扶助）という．共助にはタイプの異なる特徴がある．近隣関係，友人関係はインフォーマルな助け合いである．ボランタリーな団体やセルフヘルプグループは，それよりも社会的に組織化された共助である．超高齢化社会を乗り切るには，共助の世界をどれだけ広げるかにかかっている．そこにはつぎのような課題が生じる．共助によって成り立つ市民社会をどのように形成するか，そして市民社会の担い手をどのように育成するかである．

しかし，市民社会を形成したとしても，共助には限界がある．医療，年金，福祉サービスは国家の力で系統的，計画的に運営しなければならないものである．とくに，貧困，失業，病気，老齢，障害などは避けられないリスクであり，それらのリスクに対する備えには限界がある．したがって，自助が困難になる時期を予想して所得とサービスを保障する必要と，さらに，教育，保育，医療，住宅などの社会サービスに関しても公助が果たすべき分野がある．社会

保障制度における負担と給付に関する国民の意識に関する調査によれば，「給付水準を維持すべき」が全体の57.8%を占め，「給付水準を引き下げてもやむをえない」の19.3%を大きく上回っている．負担に関しては，「消費税等の増税によるすべての世代の負担」がもっとも多く，国民は公助の意義を認めている（内閣府「年齢・加齢に対する考え方に関する意識調査」，2004）．

　生活の内実を高め，安定性と創造性のある暮らしを実現するためには，自助・共助・公助の適切な組合せが必要である．福祉社会は市民参加型社会であり，国家の相対的縮小を意味するが，その基礎として社会保障制度が十分な役割を果たしていなければならない．福祉社会は福祉国家の提供するインフラを前提としてはじめて成り立つ．福祉国家が掲げた理想を，人々の主体的な意思や行動によって実現するところに，福祉社会の理想がある．

c. 福祉社会と市民

　福祉国家は，公助を拡大して国民の生活を守ろうとした．しかし，公的福祉セクターから供給される専門サービスは受け手を一方的な依存状態におき，サービス利用に対する主体性が生まれにくい傾向がある．また供給量が拡大するに従い，供給する組織の事務量が巨大化してサービスが画一化するという弊害もある．

　福祉ミックス論，あるいは福祉多元化論は，福祉の提供者として公以外を組み込むことに主眼があった．新たな提供者として想定されたのは，企業と市民の2つである．前者を福祉の産業化といい，後者を福祉の市民化という．

　福祉の産業化は，福祉を民間営利企業が担えるように，規制改革を伴って進めることをいう．福祉サービスの量を増やすことが可能になることや，競争によってサービスの質が向上することが期待されている．

　一方，福祉の市民化は，個人や市民による市民事業の実施，福祉にかかわる行政計画策定や政策決定過程への参加など，市民参画や市民自治の流れである．堀越は，この流れを次のように整理している．1980年代以降，これまでの公的福祉に飽き足らない障害者の自立生活運動や，女性市民の自発的な介護支援活動が活発化した．これらの活動は，公的福祉サービスでは提供されないサービスや，利用者本位の対等な関係で行われる質の高いサービス，柔軟な提供システムなど，自分たちが欲しいと思うサービスを市民が提供していく活動

だった．1998 年には特定非営利活動推進法（NPO 法）が制定され，市民が法人格をもって自由に社会貢献活動を行うことが可能になった．介護保険制度の導入によって，介護サービスを提供する NPO 法人などの民間機関が多数生まれた．また，近年では，従来公的機関が運営してきた教育・文化・福祉・雇用などの多方面で，民間機関が事業を受託する方式が普及している（堀越，2004）．

4 章で記述されているように，NPO の活動は，サービスの提供者と利用者の相互性に重点を置くものであり，公的サービスにはない長所があるという点で期待されるようになってきた．しかし，そこには課題も山積している．財源の不足は大きな問題で，そこに働く人々の所得を保証する水準に至っていない例が多い．また，公的機関と民間団体との対等な関係を築くには試行錯誤が必要とされている．

1990 年頃から，欧米を中心に，代表民主制と官僚制による統治（ガバメント）に対する批判が高まり，政府と他のアクターとの新しい連帯や連携を期待し，それをコントロールする手法としてガバナンスという考え方が登場した（5.1 節参照）．ガバナンスには，人々の主体的な意思や行動が反映されなければ福祉社会の理念は実現しないという観点が込められている．

d. 新たな生活経営の構築に向けて

このような社会モデルの転換が進んでいるなかで，人々の意識と行動の変化の先にどのような社会が開けるだろうか．それは，工業化時代に確立した，画一化され，しかも物質的豊かさに価値を置く生活像を脱して，多様性のある，しかも持続可能性のある生活像を形成していくという方向である．そのためには，多様な生き方が可能になるための社会基盤がつくられなければならない．例えば，生涯を通じて教育を受けられる機会の拡大，人々のニーズに応じた多様な機会の提供が必要である．また，雇用流動化に見合った，情報提供，相談，職業教育・訓練機会や，ジェンダーや年齢にとらわれない雇用機会と，ライフコースに合致した多様性のある働き方が広がっていく必要がある．

しかし，多様化しつつも共通に必要な条件は，個人の生涯にわたるリスクに対する基本的な保障があることである．新自由主義の潮流のなかで，個人責任・自助を強調する社会政策が強化されたが，生活過程で生じる様々なリスク

が個人責任に帰されてしまった場合にどのようなことが起こるかに関しては，2000年代に生じた国民生活の悪化，とくに不利な条件をもつ人々の生活困難の実態が雄弁に物語っている．社会のセイフティネットがはずされた社会では，一握りの強者以外は安定した生活を確保することが難しく，危険や不安に翻弄されて生活しなければならない．経済のグローバル競争が激化するなかで，社会から排除される人々が増加することを防止しなければならない．

　人々の人生設計の転換も迫られている．経済成長に裏打ちされて可能であった雇用の安定と所得の上昇，性役割分業によって営まれる家族の生活は，いまや持続可能性を失いつつある．それに代わる持続可能性のある，しかも公平性と公正性のある暮らしの実現のためには，新たな生活経営モデルを創造しなければならないだろう．また，社会資源を最大限活用し，生活の質を高めるためには，生活経営主体の力量を引き上げることが必要である．このような課題に対して，本書は多方面から検討を加えるであろう．　　　　　　〔宮本みち子〕

引用文献

舩橋恵子・宮本みち子，2008，『雇用流動化のなかの家族』ミネルヴァ書房
堀越栄子，2004，「福祉の産業化と市民化」（社）日本家政学会編『新版家政学事典』，p. 260，朝倉書店
宮本みち子，2006，『人口減少社会のライフスタイル』放送大学教育振興会
宮本太郎，2008，『福祉政治』有斐閣
（社）日本家政学会生活経営学部会編，2000，『福祉環境と生活経営』，pp. 21-30，朝倉書店
新・日本的経営システム等研究プロジェクト編，1995，『新時代の日本的経営』日本経済団体連合会

参考文献

広井良典，2009，『コミュニティを問いなおす―つながり・都市・日本社会の未来―』ちくま新書
広井良典，2001，『定常型社会』中公新書
橘木俊詔，1998，『日本の経済格差』岩波新書

1 生活経営―新しい価値・規範の創造へ―

　私たちは今大きな社会変動のなかにいる．近代社会が築いてきた大前提を問い，発想の転換を伴うほどの変化の時期に居合わせている．経済中心に組み立てられてきた戦後からの高度経済成長，それに続く時代の生活体験のなかで，経済成長よりも生活優先をと多くの人は生活目標を移してきた．現実の様々な課題を前に，生活者はそれらと向き合い新しい地域社会の形成に向かう住民として，自立をめざす労働者，消費者としても力強く動き出している．

　一方，経済中心に突き進んできたこれまでのやり方によって国民生活は混迷し，生態系は損なわれ，環境に与える影響は無視できないほど深刻になっている．その現実を前に，社会全体としても自然と生命の再生産，共生，ケアなど人や自然の営みを大事にする価値を組み込んだ新しい社会的価値を形成していく必要性に迫られている．経済至上主義を脱し生活の豊かさを実現するための政策や企業のあり方など，経済的価値と人間としての豊かさとの新たな関係性を再構築すべきときにある．

　しかし，その実現までの道筋はいまだ明確でない．肥大化した経済や社会システムは強大な力をもって状況に適合的な生き方を生活者に強いている．工業化社会から知識基盤社会への流れにもうまく適応して責任ある市民へと成長するようにと，一人一人の努力に期待する風潮が高まっている．このような他からのコントロールに無意識にさらされるばかりでは再び力の方向へと流されてしまう．意識的に自律性を高め，自分らしさを回復したい．

　このような時代にあって，ここから私たちが始めることは，生活の価値の内容をより具体的にしていきながら，生活が元々もっていた価値をもう一度確認し，それを生活の側から社会全体へ広げて人間としての豊かさを確実に手に入れることだろう．第1章では，生活の価値と生活の規範について考えることでその道筋を探っていきたいと思う．

a. 生活経営と生活の価値・規範
(1) 生活の価値と規範

「あなたが失いたくないもの，それだけあれば自分は幸せと思えるものは何ですか」．このような問いに答えようとするとき，私たちは無意識のうちに生活の価値について考えている．価値とは，「人々によって望ましいものと判断されている対象，あるいは人々がそう判断する基準であり，選ばれて当然であるという正当性の判断も含んでいるもの」(「新社会学辞典」有斐閣）であり，それは「その実現の際にとられるべき妥当な行動様式，例えば，家族のなかのきまり，近隣の生活ルール，企業社会の規範，職業上の倫理，法律等々さまざまの多様な規範」(同上) によって具現化されている[1]．どのような価値観をもつかによって，生活の目的や目標が決まる．さらに目標にそって活動することによって文化を創造し新しい価値をつくるという循環する関係にある．

どんな社会においても，これだけは守りたいというものをもつこと，そのためにはなにをすればいいかという行動の基準をもつことは大事だ．どんな社会に生きていたいか，どんな生活をしたいかを情熱をもって探し続ける，そういう態度によって生活する主体の生活意識が，そして，人間の生きる行為全体の充実がはかられていく．そもそも，他の動物の生活が生命維持にかかわることがらで占められているのに対して，人の場合はいかに生くべきかというような生命維持とは異なる高い精神活動の要素を含んでおり，生活に価値をもって生きることは，まさに人間らしい行為なのだから（田辺，1982）．

(2) 社会の価値／生活の価値　（価値の社会化）

人間は特有の価値体系をもつ社会のなかで育つ．個人あるいは家族は，他者とのコミュニケーションによる社会化[2]と様々な立場の人との合意形成を経て，その社会の成員としてふさわしいものの考え方や態度を身につけている．このように形成された価値は世代を超えて，地域を超えて共有されている[3]．

一方で，広く社会の理念の中にあって，生活主体は自らの価値に照らして判断し行動する．人は自由な意思によって社会にかかわり生活をつくり秩序をつくるが，個人の保有する価値はその置かれた社会環境によって影響され，個々人が形成する価値がひいては社会全体の動向にも影響を与えていくというように時間的に展開していく．子育てや毎日の生活の営みを通して，地域，生産，公共とのかかわりを通じて，生活経営はこのような価値の社会化を行っている．

(3) 多様な価値をつなぐ生活経営

　大きな価値から中目標，小目標へ至る道筋で資源の調整を行いながら生活を総合的にマネジメントする生活経営にあたっては，様々な価値の調整が行われる．例えば，時間管理についていえば，個人がエイジングという心身の変化の過程で積み上げてきた時間，特定の時代を生きてきた世代としての生活体験，今日という時代の重要性というように生活の中には多様な意味をもつ時間が重層的に重なって存在する．このような多様な時間のすべてを含む包括的なマネジメントが行われ，ライフステージごとの，あるいは世代間での異なる価値は調整されて個性的な生活がつくられる．世代のつながりやその継続も可能になる．

　生活経営をうまく行うということは様々な役割をもって生きる生活者の複数の役割間での価値の調整や合意の形成を行い，人生の異なる時期の間にある様々な価値をつなぎ，価値の対立や抗争のない状態をつくることであり，個々人が自分の価値観に基づいて望ましい生活の実現を目指す生活経営は，他の人の価値実現に対しても細心の注意を払いながら行われるはずである．

b. 時代の価値と生活者の価値
(1) 時代の変化

　では実際に私たちの生きてきた時代にはどのような価値が形成されていたのか，戦後の変化を概観してみよう．

　表1.1は，時代の転換期を区切りとして，各時代の生活をいくつかの指標によって把握しようとしたものである．第1回国勢調査実施年の1920年，戦後復興期から高度経済成長期，1975年〜のポスト高度経済成長期（成熟期），1990年〜の経済停滞期という変遷を追ってみよう．この間，人口構造，世帯構造，産業構造，就学率いずれの変化も著しい．平均世帯人員の減少や単独世帯割合の増加，90年代以降に顕著になる雇用流動化などの変化は生活者に大きな影響を及ぼしている．

　以上のような社会変化のなかで，私たちが確実に様々な豊かさを獲得してきたことは事実だが，一方で，年齢，性別，家族状況，就業形態などによって様々な格差が生じており，立場やライフスタイルの違いを超えて理解しあうのが難しい緊張した状況が生まれている．戦後家族モデルを前提にした制度は不

表 1.1 生活にかかわる指標の変化

			1920年(大正9年)	1960年(昭和35年)	1975年(昭和50年)	1990年(平成2年)	2005年(平成17年)
合計特殊出生率			5.11	2.00	1.91	1.54	1.26
平均寿命		男	42.06	65.38	71.79	76.04	78.79
		女	43.20	70.28	77.01	82.07	85.75
区分別人口割合(％)		0～14才	36.5	30.2	24.3	18.2	13.7
		15～64才	58.3	64.1	67.7	69.5	65.8
		65才以上	5.3	5.7	7.9	12.0	20.1
75才までの生存率（％）		男	12.8	36.1	51.1	63.0	69.3
		女	18.7	51.5	67.8	79.9	85.1
25～29才未婚率（％）		男	25.7	46.1	48.3	69.3	71.4
		女	9.2	21.7	20.9	54.0	59.0
30～34才未婚率（％）		男	8.2	9.9	14.3	42.9	47.1
		女	4.1	9.4	7.7	26.6	32.0
世帯類型別構成割合(％)		単独世帯	6.0	4.7	13.5	23.1	29.5
		夫婦のみの世帯	―	8.3	12.4	15.5	19.6
		夫婦と未婚の子のみの世帯	―	43.4	45.7	37.3	29.9
		ひとり親と未婚の子のみの世帯	―	8.6	5.8	6.7	8.4
		その他の親族世帯	38.2	34.7	22.3	17.3	12.1
平均世帯規模			4.89	4.54	3.45	3.01	2.58
産業別人口割合(％)		第一次産業	53.8	32.7	13.8	7.1	4.8
		第二次産業	20.5	29.1	34.1	33.3	26.1
		第三次産業	23.7	38.2	51.8	59.0	69.1
雇用形態別割合(％)		正規雇用				79.8	67.4
		非正規雇用				20.2	32.6
就学率（％）		中等教育 男	32.6	59.6	91.9	93.2	95.0
		中等教育 女	17.2	55.9	91.0	95.6	96.8
		高等教育 男	3.0	14.9	44.1	52.3	75.9
		高等教育 女	0.2	5.5	32.4	55.2	76.5

資料：総務省統計局「国勢調査報告」，厚生労働省大臣官房統計情報部「人口動態統計」，文部科学省「日本の教育統計」などから著者作成．
注）世帯の値は1975年までは普通世帯，1990年以降は一般世帯．

適合を生じており，世代，就業形態，婚姻状況などの異なる立場を超えて共感し助け合えるようなシステムとして機能していない．

(2) 生活者の価値

　それでは，こうした時代の移り変わりのなかで生活者はどのような価値をつ

くってきたのだろうか．これまでの価値観調査からみていこう（引用している調査は次の通り．① 内閣府「国民生活に関する世論調査」各年版，② 統計数理研究所「国民性の研究」各年版，③ NHK放送文化研究所「日本人の意識調査」I-V，④ 内閣府「国民生活選好度調査」各年版，⑤ 内閣府「循環型社会の形成に関する意識調査」H13年，⑥ 内閣府「世界青年意識調査」H20年，⑦ NHK放送文化研究所「環境に関する世論調査」H20年，⑧ 内閣府「社会意識に関する世論調査」各年版．文中に引用番号で示す）．

i) **「物の所有」から「ライフスタイル」や「個性の重視」へ**　象徴的な変化は，「心の豊かさ」を重視する人が「物の豊かさ」を重視する人を大きく上回り，人々の関心がものから心へとシフトしたことに表れている．「今後の生活において，ものの豊かさと心の豊かさに関して，あなたの考え方に近いのはどちらですか」という質問に対して，「物質的には豊かになったのでこれからは心の豊かさやゆとりのある生活をすることに重きをおきたい」という志向をする人が多数を占めてきた（①）．このような変化は，仕事に対する価値，職業観，時間に対する選好の変化としても現れている．例えば，「人の暮らし方にはいろいろあるでしょうが，つぎにあげるもののうちで，どれが一番あなた自身の気持に近いものですか」という質問に対して，3人に1人は「趣味に合った暮らし」をしたいと思っており，「のんきに」とをあわせると日本人の過半数がゆとりのあるのんびりした暮らしをしたいと思っている（②）．

職業観の変化もみられる．「あなたが一番大事だと思う仕事はなんですか」という仕事に関する価値観調査では「仲間と楽しく働ける」「健康を損なう心配がない」「自分の特技がいかせる仕事」という条件をあげる人が「高い所得が得られる」「世の中のためになる」などをあげる人をはるかにしのぎ，（③）経済的達成，地位名誉にかわって関係性によって得られる価値を大事にする傾向がみられる．地域に根ざした活動，コミュニティ・ビジネスを志向する人も増えており，その動機は仕事の理念への共感，人とのつながりである．

時間の選好に関しては「未来より現在」志向の高まりが顕著で，「貯蓄・投資などをして将来に備える」人の割合は減少し，「毎日の生活を充実させて楽しむ」という選択へと大きくシフトしている（①，③）．「仕事から余暇も仕事も」と仕事から余暇にも比重をおく傾向も一貫して強くなっている（④）．

ii) **価値の普遍性と規範の大きな変化**　「生命・健康・自分」「子ども」「家

族」「家・先祖」「金・財産」「愛情・精神」「仕事・信用」「国家・社会」「その他」という選択肢のなかで「あなたにとって一番大切と思うものは何ですか」という問いに対して「家族」と答える人は増加し続けている（②）．この変化の過程は，家族規模が一貫して縮小し，家族機能が弱体化したとされる時期と対応している．かたちや機能の大きな変化にかかわらず，その多様な家族を多くの人は最も大切な価値と考え続けている．

　一方，同じ時間の流れのなかで，家族に関する規範の変化は大きい．「結婚すべきである」という問いに対して「しなくともよい」とする人は「するのが当然」を大きく上回っている．「結婚したら子どもをもつべきか」についても，「もつべき」とする人と「そうでない」とする人の関係は 90 年代に入ると逆転し，「必ずしもそうでない」という人の方が多くなった．「結婚しても子どもが生まれてもできるだけ職業をもち続けるほうが良い」という人と「結婚したら女性は家庭を守ることに専念したほうがいい」という人の割合も 80 年代に入ると逆転し，その後は前者が大きく上回っている（③）．

　標準的な家族のあり方がモデルとして多くの人に共有されていた時代においては，性別役割分業のしかたをはじめ，たくさんの取り決めが社会的規範となってその生活を守っていた．個人の自由が尊重され価値が多様になってきた時代，それらの規範は変化し，もはや多くの人の行動の基準ではなくなっている．性別役割分業に替わる新しいシェアリングのかたちが求められている．

iii) 公共的なもの，環境，社会貢献への意識の高まり　　環境に対する意識・態度については，ごみ問題，リサイクル，省エネなどに対する関心は高く，実際の行動率も高いことが報告されてきた（⑤）．一方ではそれらが目にみえるものレベルに留まっており，根本的な解決をせまる意識や行動につながっていないとの指摘もある．しかし，この傾向にも変化がみられるようになってきている．「環境を守るためなら多少値段が高くても買う」，「環境を守るためなら高い税金も払うつもり」という価値観をもつ人も増加している（⑥，⑦）．

　公共に対する意識の変化もみられる．社会貢献に対する意識の高まり，これまでの公共とは異なるみんなで担う公共領域における活動も広がっている（⑧）．

(3) 価値観調査にみる新しい価値や規範の萌芽

　このように，人は豊かさの意味を様々な形で追い求めるようになり，価値観は多様化している．営利/非営利，貨幣/非貨幣と画然と分けられていた経済

活動のもとで市場労働/無償労働に二分された労働のありようは変化し，その間に中間的な領域が現れ人々はこれまでの境界を超えて活動するようになっている．時間資源の使い方にも変化がみられ，内面生活を豊かにする時間や機会を大切にし，家族，コミュニティ，仕事の関係性を重視する人がふえている．

また，多くの人が望ましいと考える生活のありようが共有されていた時代から，個人の自立自由が尊重され価値が多様になってきた時代へと移り変わった大きな変化のなかで，「一つの価値とそれを守るためのいくつものルール・規範」は変化し，「多様な価値とそれを花開かせ豊かな共存をつくるための新しい共通前提」が必要になってきた．それは個性に富んだ個々人の人生をそれぞれが豊かに生きることを保障する基本的な土台である．新たに生まれたものを誰がどう担うかというようなシェアリングのかたちについても，これまでの考え方をはなれて新鮮な目で自由に論じられるときである．

c. 生活経営―新しい価値の創造へ―

このようにみてくると，「持続可能性」という概念の重要性が浮かび上がってくる[4]．長期的な視点をもち，個別の利害を超えて将来世代をも含んだ世代間の価値の調整を行い，生命や自然を守る生活経営の営みは，持続可能性を実現させていく過程に他ならない．その道筋は表1.2のようになるであろう．

第1段階は，生活価値実現のために障害となるものを取り除き，生活困難を解消してより豊かな生活へと向かっていく段階である．全体的に生活資源は欠如している状態で，生活者は社会的に提供される様々な支援を受けながら，置かれた状況のなかでできるアプローチのなかから最善なものを選び，実行す

表1.2 持続可能な生活の価値実現の3段階

〈第1段階〉 生活の困難性の解消	・生活価値実現のために障害となるものを除き 　生活困難を解消するための支援
〈第2段階〉 主体性の獲得	・守られる存在から主体的な存在へ ・自己の存在感の確認 ・自立と共生
〈第3段階〉 主体性の質への注目	・多様性の根底にある共通のものへの注目 ・すべての要素がそこに集まるような独自の状況をつくる ・中間的領域の形成 ・個別価値と社会的価値の融合 ・新しいシナジー関係の創造

る．例えば育児・介護を例にとって考えれば，家庭での育児負担を軽減するような社会的育児サービス，介護サービスが充実され，生活者はそれらを利用しながら生活の充実をはかることになる．

　第2段階では，主体性の確保が目指されていく．守られる存在を脱して主体的な存在へと，生活者の側から生活目標達成に積極的に関与していくような場が形成される．生活の価値に対する社会的な認識も高まっていく．この段階の生活者は，置かれた状況を打破する方法を独自の工夫で考え実行し，同じ目標をもち関係ある人とのつながりを形成する．例えば，それまでの社会的に提供されてきた育児支援策と併行して，共通の関心をもつ人による主体的な育児ネットワーキング，高齢者自身による課題解決のための高齢者ケアの実践例などにみられる動きである．

　そして，第3段階は新しい枠組みへと転換する段階である．近代資本主義は崩壊し，社会全体が変わらざるをえない状況が生まれ，それまでに獲得した生活者の主体性についてもその質的方向性が問われるようになった．ここでは，これまで各分野に細分化され別々なものとして発達してきた生活に関する知識，制度，技術などの根底に共通なものの存在することが認識され，それらがつながり，新しいパートナーシップが形成される．その実現のために従来の空間とは違う，中間的な領域が形成される．例えば，社会的なケアとはいっても，それは生活の場でのケアに近い人称性のある他者へのケアが求められるし，有償・無償労働の混じった状態が求められるというように，これまで別々のものとされていたものの間にある境界は取り払われて，個別価値と社会的価値とが融合した中間的領域を器として新たな関係性が育まれる．

　具体的には，コミュニティに開かれた子育てや介護の充実を通してコミュニティ全体の統合がはかられ，子どもや高齢者に限らずそこにかかわる人全体の生活の質が充実するような動き，ケアとアート，あるいは，ケアと自然の融合など，新しいシナジー関係が形成されるような動きにみられる（広井，2008）．

　このように実現された持続可能な価値のもとでは，より早くより多く，効率的にという近代産業的な時間のあり方も見直され，子育てを楽しむこと，親子で向き合うことなど人間のもつ本来の関係性が取り戻されたワーク・ライフ・バランス社会が実現される．ゆったり流れる時間を介して生活に楽しさ，環境に美しさが戻り，生活の中に自然が回復されていく．そんな社会が実現する時

まで，生活者が大事にしてきた価値を広く社会に広げ，粘り強く議論を重ね，合意形成し，行動しながら「みんなの価値」を着実に前に進めていこう．

注

1) 経済企画庁（現内閣府）新国民生活指標では，安全・安心，公正，自由，快適の4つの生活指標軸を設定している．この4つは現代人にとって望ましいと社会が設定している生活価値といえる．
2) 個人が他者との相互関係のなかで，生活する社会に適切に参加することが可能になるような価値や知識や技能や行動などを習得する過程．個人の社会化の過程は社会にとって不可欠の達成すべき要件である．
3) 1つの集団，地域，社会などには，人々を文化の面から特徴づけている多数の価値項目がある．それらが相互に緊密な関係性をもち，全体として1つの統一体を形成しているとみられるとき，その社会には1つの価値システムが成立しているとされる．共同体や集団によって共有された価値は個人のうちに内面化され客観的・社会的な望ましさ，実現されるべき目標を提示し人を価値実現にむかって方向づけている（「新社会学辞典」有斐閣）．
4) 持続可能な発展 Sustainable Development は世界環境保全戦略でその重要性が提起され，環境と開発に関する世界委員会による「我ら共有の未来」をもって広められた．天然資源の保全，生物多様性を確保する範囲での生活，将来世代を含む世代間の公平性等の実現を目指す方法論である．生活経営のとらえる持続可能性は，自然と生命の再生産，共生，ケアなどの人間の生活を大事にする価値，多様な価値を生み出していく土壌的価値のための共通前提，合意形成，自立と相互依存が矛盾しないような新しいコミットメントを意味する概念として解釈される．

〔工藤由貴子〕

文　　献

原ひろ子（編），2001,『生活の経営―21世紀の人間の営み―』放送大学教育振興会
広井良典（編），2008,『「環境と福祉」の統合―持続可能な福祉社会の実現に向けて―』有斐閣
広井良典，2001,『定常型社会―新しい「豊かさ」の構想―』岩波新書
神野直彦，2002,『人間回復の経済学』岩波新書
松村祥子，2000,『現代生活論』放送大学教育振興会
西川真規子，2008,『ケアワーク―支える力をどう育むか―』日本経済新聞出版社
リチャード・フロリダ，2008,『クリエイティブ資本論』ダイヤモンド社
田辺義一，1982,『家庭経営学総論』同文書院

2 生活枠組みの変容と新たな生活経営主体の形成

2.1 生活経営主体とは何か

　家族のあり方や生活の営みの仕方，つまり生活様式[1]は，科学，技術，文化などの発展状況，国の経済政策や政治，国際関係などの影響を受けて常に変化してきた．また私たちの家族や生活に対する意識が，家族や生活の実態を変え，さらには経済・社会のあり方をも変えてきた．
　そこで，変化する現代社会における生活枠組みをとらえながら，生活経営主体とは何か，また今，生活経営主体に求められることについて考えてみよう．

a. 変容する家族と法や制度とのギャップ

　近年，家族が「多様化」している，「崩壊」しているなどといわれる．
　まず，晩婚化，非婚化といわれる現象から家族が変容している様子をみていこう．1980年代中頃までは，24, 5歳の女性が3, 4歳年上の男性と結婚することが平均的であったが，次第に男女とも，初婚者の20歳代の割合は低下して30歳代で高くなり，2008年には平均初婚年齢は夫30.2歳，妻28.5歳まで上昇し，夫妻の年齢差は縮小した．2005年の生涯未婚率（45〜49歳と50〜54歳の未婚率の平均値で，50歳時の未婚率を示す）は，男性15.96%，女性7.25%となり，それぞれ1〜2%で皆婚社会といわれていた頃に比べて，結婚行動が大きく変化した．国際結婚も増えてきている．
　離婚も増え，2000年前後から，年間25万件以上，離婚率にして2‰以上になっている．離婚時に子どもがいる場合，妻＝母親が親権をもつことが多くなり，母子家庭が増加している．また，夫妻ともあるいはどちらかが再婚，再々婚が，年間の婚姻件数の4分の1を占めるようになり，子連れ再婚家族（ステ

ップ・ファミリー）も増えている．

　こうして，結婚や家族の現実と制度との間に齟齬が生じている．例えば，わが国の結婚は法律婚主義で，しかも夫または妻の氏を結婚姓として（夫婦同氏原則）婚姻届を出すことによって新しい戸籍がつくられ，社会的に承認された結婚となり，届出をしない男女が共同生活をすることは内縁あるいは事実婚といわれる．慣習的に結婚姓は夫の氏にすることが大半であるため，生まれた家族の姓を使い続けるために事実婚を選ぶ女性たちがいる．嫡出でない子（法律上の婚姻をしていない男女から生まれた子どものことで，「婚外子」ともいわれる）の割合は高度経済成長期に 0.8% まで低下したが，2006 年には 2.1% に上昇したことから，事実婚の男女が増えていることが推測できる．最近では「できちゃった婚」という言葉が使われるようになったが，これは，結婚前の性交渉が許容されるようになったうえに，とくに子どもを嫡出子とするために，法律の枠におさまることを選択した行動であろう．なお欧米諸国では嫡出でない子の割合は 30〜50% 台になっている．

　このように結婚および離婚の実態が変化した背景であり，結果でもあるように，結婚や離婚に対する意識は変容している．例えば，2009 年に内閣府が行った「男女共同参画社会に関する世論調査」では，「結婚は個人の自由であるから，結婚してもしなくてもどちらでもよい」に賛成する者は 70%，「結婚しても相手に満足できないときは離婚すればよい」に賛成する者は 50% に達した．「結婚しても必ずしも子どもをもつ必要はない」に賛成する者も 43% であった．家族の実態や国民の家族観の変化に対応して，家族に関する法や制度の改革が望まれているところである．

b. 小さくなった世帯の規模

　日々の暮らしの単位としてとらえられる世帯の規模が小さくなった．

　わが国で 5 年ごとに行われている国勢調査結果から具体的にみてみよう．その場合，世帯は「一般世帯」と「施設等の世帯」に分類されている（表 2.1）．前者は「住居と生計を共にしている人々の集まり又は一戸を構えて住んでいる単身者」と間借り・下宿屋および会社や官公庁などの寄宿舎・独身寮などの単身者を合わせたもので，「施設等の世帯」とは，寮・寄宿舎の学生・生徒，病院などの入院者，老人ホームや児童保護施設など社会施設の入所者等々の集ま

表 2.1　世帯の種類別分布（2005 年の場合）

	世帯数	構成比（%）	
総世帯	49,566,305	100.0	
一般世帯	49,062,530	99.0	100.0
1 人世帯	14,457,083		29.5
2 人世帯	13,023,662		26.6
3 人世帯	9,196,084		18.7
4 人世帯	7,707,216		15.7
5 人世帯	2,847,699		5.8
6 人以上の世帯	1,830,786		3.7
施設等の世帯	100,299	0.2	100.0
寮・寄宿舎の学生・生徒	6,995		7.0
病院・療養所の入院者	15,608		15.6
社会施設の入所者	31,453		31.3
その他	46,261		46.1
世帯の種類不詳	403,476	0.8	

注）施設等の世帯の「その他」は，自衛隊営舎内居住者，矯正施設の入居者，その他である．
総務省統計局『平成 17 年国勢調査報告』より作成．

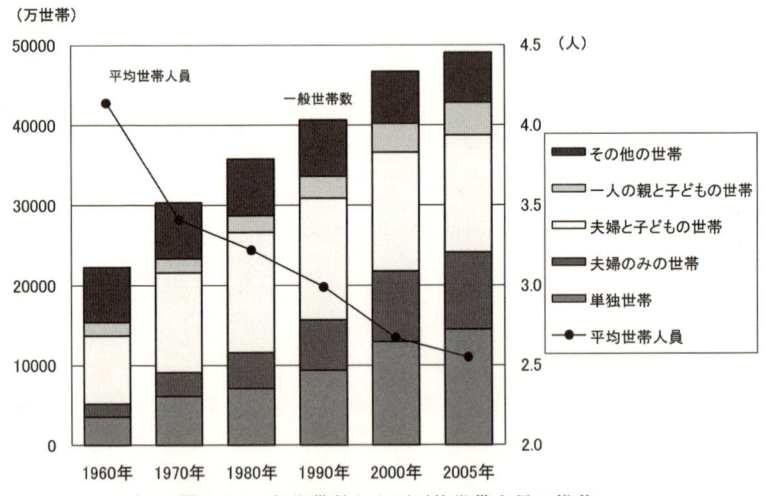

図 2.1　一般世帯数および平均世帯人員の推移
総務省統計局『国勢調査報告』より作成．

りのことである．2005 年では，施設等の世帯は 10 万余りになっている．

　図 2.1 は「一般世帯」の 1960 年以降の推移である．2005 年には一般世帯数

は1960年の倍以上の約5千万世帯となり，家族類型別では夫婦のみの世帯と単独世帯が急増し，前者は19.6％，後者は29.5％と，この2つでほぼ半数を占めた．したがって世帯人員別でも（表2.1）1人世帯がもっとも多く，次いで2人世帯が多くなり，平均世帯人員は2005年には2.55人になった（図2.1）．国立社会保障・人口問題研究所（2008）は，2030年には単独世帯は37.4％に増大し，平均世帯人員は2.27人に縮小すると推計した．

単独世帯は，進学や就職によって親元を離れた青年層，それと高齢者層が比較的多いが，生涯未婚者や離婚の増加によって，壮年期・中年期でも増えている．2人世帯も高齢者層で比較的多く，高齢者夫婦，1人の高齢者とその子ども1人というケースも多くなっている．典型的な「家族」と考えられやすい夫婦と子どもの世帯は，1990年までは増加したもののその後は減少に転じた．その中には，別姓家族，ステップファミリー，養親子関係の家族，夫婦共働き家族，後期高齢者の親と稼得や介護役割を担う壮年期の子どもで構成される家族，障がい者のいる家族，外国籍の家族など，後述する標準家族的な「夫婦と子どもの家族」としてイメージされる世帯だけではなくなっている．

このように，世帯構成が小さく，高齢化し，多様な家族が存在している状況は，自立性のみを問うのではなく，地域社会において生活の協同や支援を前提とした生活経営のあり方を志向する生活経営主体形成の課題となっている．

c. 少子高齢社会の進展

わが国が高齢化率（65歳以上の老年人口の総人口に占める割合）7％以上の「高齢化社会」になったのは1970年，1994年にはその倍の14％を超えて「高齢社会」に，さらに2005年には老年人口が20％を超え，現在は「本格的な高齢社会」（内閣府，2009，3）といわれている．それは，医学や公衆衛生の進歩，栄養状態の改善等々により，男性の70％近く，女性では80数％が75歳まで生存でき，平均寿命が2007年には男性80歳，女性86歳にもなったからである．私たちは80年もの長いライフコースを前提にして生活設計を考えなければならなくなり，家族の中で生活しないライフステージも生じるようになった．ところで高齢期とは，就業から引退し，生活の経済的基盤が弱体化する世代である．また個人差はあるが老齢化は身体的機能を弱め，疾病にかかる可能性を高め，ケアが必要になることは否めない．厚生労働省の「国民生活基

礎調査」によると，1960年代には65歳以上の高齢者の80％は子どもと同居しており，高齢者の生活は子どもの家族のなかに包み込まれていた．それが2007年には43.6％まで低下し，しかも子ども夫婦より配偶者のいない子どもとの同居の方が多くなった．また総世帯数4,800万世帯のうち65歳以上の者がいる世帯は4割となり（1972年は2割），そのうち高齢者世帯[2]は900万世帯（同年，138万世帯）を超えた．高齢者だけで暮らす高齢者が増大している．

　一方，近年の出生数は年間約110万人で，1970年代前半の第2次ベビーブーム期の半数にすぎない．15歳から49歳までの女性の年齢別出生率を合計した合計特殊出生率は，1.57ショックといわれた1989年以降も低下を続け，2000年代には1.3前後を低迷している．その結果，2009年の0～14歳の年少人口は1,700万人余り，総人口に占める割合は13.5％までに低下した．子ども人口が高齢者人口より少なくなった1997年（図2.2）をもって内閣府は少子社会になったとし，さらに「少子化の一方で高齢化が進展する『少子・高齢社会』を迎えている」と位置づけた（内閣府，2004，2-3）．厚生労働省の「国民

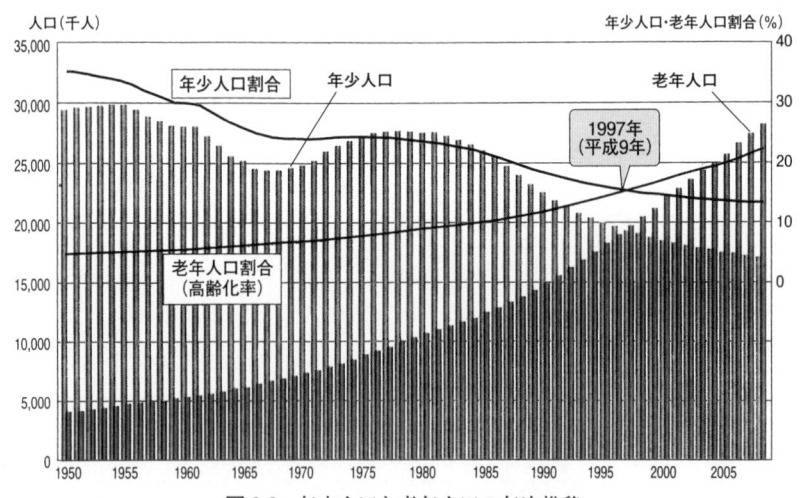

図2.2　年少人口と老年人口の年次推移

資料：総務省「国勢調査」，「人口推計（各年10月1日現在推計人口）」を基に，内閣府少子化対策推進室において作成．
　注：国勢調査年については，年齢不詳分を按分している．
出典：内閣府『少子化社会白書（平成21年版）』，p.4．

生活基礎調査」によると，2007年には児童のいる世帯は全世帯（4,800万世帯）の4分の1にすぎなくなった（1972年は約6割）．政府は1994年のエンゼルプランに始まり，次々と少子化対策を打ち出し，2003年に少子化社会対策基本法および次世代育成支援対策推進法を制定したにもかかわらず，出生率が改善される兆しはない．結婚と出生が強い関係にあるわが国では，前述した晩婚化・非婚化の傾向が出生率の低下にストレートに影響しているといえる．また，厚生労働省の「21世紀出生児縦断調査」から有職女性の約7割が第1子の出生を機に無職になっていることが明らかとなり，育児責任の考え方や育児環境に関する課題が投げかけられている．

d. 日本型雇用慣行の崩れと生活不安の拡大・深化

高度経済成長期を通して産業構造が変化し，個人や家族の階層や就業の仕方が変わった．つまり，農業にウエイトのあった社会における自営業主や家族従業者（自営業世帯）から雇用労働者（雇用者世帯）への変化である．国勢調査の結果によると，現在では，15歳以上就業者の80数パーセントが雇用者（サラリーマン）である．世帯の経済構成では，雇用者世帯が6割以上を占め，主に雇用者のリタイアによって形成されたと推測できる非就業者世帯が，1960年の4％から2005年には26％へと増大した．

雇用者世帯の拡大は，産業社会化，市場化の進行によって，私たちが生命・活動力を再生産していくために必要な衣食住等にかかわる様々なモノやサービスが商品として生産され，企業等に雇われた世帯・家族のなかの誰かの労働力や時間と引き換えに獲得した賃金によってモノやサービスを購入するという生活様式が主流になったことを意味している．つまり，賃金の大きさや労働時間などの雇用契約条件が，生活経営のあり方を左右するものとなった．

その場合，男性＝夫が労働市場に出て稼得する役割を，女性＝妻は家庭で家事，家族員の世話，家計管理などの役割を担うという性別役割分担で成り立つ家族が「標準家族」「モデル家族」とされてきた．男性は学卒後主に正規雇用として企業等に採用され，終身（長期）雇用，年功序列賃金，家族賃金，企業内福利厚生，長時間労働といった日本型雇用制度・慣行に支えられて，子どもの教育，住宅取得など，家族の安定的な生涯の生活設計をたてることができた．女性は就職しても結婚退職制，若年退職制などによって結婚や出産を契機

に退職し，子育て後には家計補助として，身分不安定な，低賃金のパートタイマー・臨時雇として再就職する，いわゆるM字型雇用がつくられた．だが女性の高学歴化や就労意欲の高まり，世界的な男女平等実現への取り組みなどを背景にして，正規に雇用されて働く女性，共働き夫婦も増加した．それでもわが国では，強固な「男性稼ぎ主」型の生活保障システム（大沢，2007）が転換されてこなかった．

　ところで1991年のバブル崩壊の頃から，企業の賃金負担を軽減するために中高年の労働者がリストラされるようになり，日本型雇用慣行は崩れ始めた．長らく2％台であった完全失業率は1998年以降は4～5％台となり，雇用者のうち非正規雇用者（パート・アルバイト，派遣社員，契約社員・嘱託，その他）は，1990年代に2割を超え，2008年には34.1％，3人に1人以上になった．女性では非正規雇用者が53.6％にものぼる．こうしてワーキングプア層が形成され，経済的・文化的に，格差が二極化し，社会的に排除される人々が生み出されていった．他方，正規雇用者には長時間労働や過密労働が問題になり，ワーク・ライフ・バランス[3]が目標として掲げられている．

　さらに2007年の世界金融危機以降「派遣切り」という解雇と同時に住まいも失い，路上生活者に転落していく状況がつくりだされた．わが国では高度経済成長期ころから関心が向けられなくなった「貧困」であるが，その実態が浮上し，世論に押され，日本政府がようやく2009年秋に算出・公表した2007年の日本の貧困率は15.7％，ひとり親家庭にいたっては54.3％であった．国内外の経済変動と日本型雇用慣行の崩れから国民の生活不安は広がり，深まっている．連日報道されてくる子どもや高齢者に対する虐待，自殺，高齢者の孤独死等々の事件や結婚，離婚，出生行動の変容などによって家族は崩壊しているといわれ，人々の生活の場である家族，職場，地域などにおいて絆が弱まっていることなどは，こうした日本型雇用慣行の崩れを背景にしてのことであろう．企業と家族に頼りすぎていた日本型生活保障から，雇用と社会保障を強く連携させた生活保障こそが求められている（宮本，2009）．

e．男女共同参画社会の理念と生活経営主体

　第二次世界大戦後，自由，平等，民主主義，基本的人権という近代社会の理念が日本国憲法や世界人権宣言などによって再確認され，その実現へ向けて大

きく進んだ．しかしながら女性差別解消はなかなか進まず，国連は 1975 年を「国際婦人年」と設定，以来，「平等・発展（開発）・平和」のスローガンの下に男女平等の実現に向けた取組が重ねられてきた．とくに 1979 年の国連総会で女性差別撤廃条約が採択されたことは重要である．この世界的な流れに呼応して日本も 1985 年に同条約を批准，1986 年から雇用機会均等法を施行し，1999 年には男女共同参画社会基本法を制定し，男女共同参画が社会のあり方を貫く目標とされた．

男女共同参画社会（gender-equal society）は，この基本法第 2 条で定義されている．その基本理念には，男女の人権を尊重する，社会の制度や慣行にある性別役割分担が男女共同参画社会の形成を阻害しないよう配慮する，家族を構成する男女が家庭生活活動と職業活動や地域活動などを両立できることなどがあげられている．ここからは，性別にかかわらず，誰もがまずは個として認められ，家庭生活と仕事や他の活動を両立できるという生活枠組みと主体をとらえることができる．

ところが日本の女性差別撤廃条約進捗状況の第 6 回報告を審議した国連の女性差別撤廃委員会（CEDAW）は，2009 年 8 月の最終見解で日本政府に対して厳しい勧告をした．条約の差別の定義が日本の国内法に十分に取り入れられていないと指摘し，とりわけ，夫婦同姓強制，嫡出でない子の差別等々の民法における差別的規定を撤廃することおよび雇用や政治的・公的活動への女性の参画を拡大するための数値目標とスケジュールを 2 年以内に提出するよう要請した．このことは，わが国では，生活枠組みは依然として性別役割によって成り立つ家族像があることを示している．だが，その枠組みに収まらない暮らし方をせざるを得ない，あるいは選択している個人や家族が，様々な困難を抱えている現実も多々存在していることはすでにみてきたとおりである．

「生活主体とは，家庭経営の中心をなす，通常一対の成人男女＝夫妻であるが，単身の場合は，その個人である」（伊藤，1989，182，傍点筆者）と，生活主体が誰かということに加え，生活経営主体とは，女性差別撤廃条約が示している男女平等の理念が実現していく社会を見据えて生活を営み，歴史を切り拓いていく存在として措定していく必要がある．

f. 新たな生活経営主体の形成

　経済が右肩上がりに上昇した時代に構築され，安定していた家族と企業に守られていた生活枠組みは，21世紀を迎える頃から変容し，私たちの生活はややもすると孤立化し，不安な状況におかれている．その背景には，資本主義の揺らぎ，経済を含めたグローバル化などの大きな社会・経済変動がある．こうしたなかで，政策側は，従来の生活枠組みを前提にしつつ社会の変化に対応して個人や家族が「主体的」に生活を立て直すことを求めてきている．一方私たちは，現実の生活から出発して，人間性をより高め，より良い，より豊かな，より安全なつまり well-being な生活を求め，地域や様々な組織で支えあい協同して，生活政策をつくり要求をし，そして社会の変革につなげていく，新たな生活経営主体になることが必要であることに気づき，行動を始めている．次節でそれらの事例を紹介する．

　2.2.1項は，夫婦は同一姓を名のらなければならないとされている現在の家族法の下での家族枠組みを超えて，夫婦別姓を選択した生活経営主体のケース，2.2.2項は，子育てを，私的な母親責任から，地域での共助，さらには公助へと位置づけていく過程において，自らの，また家族員の家族観・子育て観をも変え，新たな生活経営主体として成長していっている事例で，自助と共助と公助の有機的な関係も提示されている．2.2.3項は，現在の雇用環境のなかでもっとも問題が先鋭化しているホームレスへの支援の事例で，生活を取り戻す当事者および支援者の変容を通して，生活経営主体について提起している．

注

1) 宮崎らは，生活様式を「一定の生産様式のもとでの労働と家族との関わりに規制された，人間と生活手段の結合及び生活時間の配分の仕方，それらが，生活意識を媒介に相互規定的関係の中でつくり出す生活の仕方である」と定義している（宮崎・伊藤，1989, p. 177）．
2) 高齢者世帯とは，「男65歳以上，女60歳以上の者のみで構成するか，又はこれらに18歳未満の未婚の者が加わった世帯」であったが，1997年調査から「65歳以上の者のみで構成するか，又はこれに18歳未満の未婚の者が加わった世帯」と変更された．
3) 伊藤（2008, pp. 269-270）は，ワーク・ライフ・バランスについて，これまでの概念的な問題を指摘し，定義を示している．

〔鈴木敏子〕

文　　献

伊藤セツ，1989，「新しい生活様式の創造と選択のために」，日本家政学会編『家庭生活の経営と管理』，pp. 175-188，朝倉書店

伊藤セツ，2008，『生活・女性問題をとらえる視点』法律文化社

国立社会保障・人口問題研究所，2008，『「日本の世帯数の将来推計（全国推計）」（2008年3月推計について）』厚生統計協会

宮本太郎，2009，『生活保障　排除しない社会へ』岩波書店（岩波新書）

宮崎礼子・伊藤セツ，1989，『家庭管理論〔新版〕』有斐閣（有斐閣新書）

内閣府，2004，『少子化社会白書（平成16年版）』ぎょうせい

内閣府，2009，『高齢社会白書（平成21年版）』佐伯印刷

大沢真理，2007，『現代日本の生活保障システム―座標とゆくえ―』岩波書店

コラム

家族と世帯，標準家族

　私たちは，性の関係，そこから生じた血のつながりのある「肉親」や婚姻によってできた姻族関係，あるいは親密な人などのある範囲を家族といっている．つまり家族の範囲・境界は，それぞれのアイデンティティになっている（上野，1994）．したがって家族は客観的にとらえることはできず，それに近いものとして，住居と生計を共にしているものが世帯として把握されている．そして現実の生活は，個人，世帯，アイデンティティとしての家族が複雑に絡まり合って営まれている．

　ところで家族というと，夫婦とその子ども2人くらいからなり，夫＝父が外で働き，妻＝母は専業主婦という役割分業で生活が営まれ，愛情で結ばれた幸せな暮らしとしてイメージされることが多い．それは，日本社会では，明治20年代後半に言説として登場し，大正期に都市の新中間層に実態化した「近代家族」＝家庭（小山，1999）が，戦後の高度経済成長期に「標準家族」とされ，国民の間にも目指すべき「モデル家族」として，意識の上でも実態としても広がったものである．またそれは，「家族」は含み資産であるとして，自助努力する主体性が期待されたイデオロギー的な家族像である．〔鈴木敏子〕

（参考：小山静子，1999，『家庭の生成と女性の国民化』勁草書房．鈴木敏子，2004，「21世紀家族の展望―近代家族を問い直し，その先を見通す―」金田利子・斎藤政子編『家族援助を問い直す』，pp. 15-33，同文書院．上野千鶴子，1994，『近代家族の成立と終焉』岩波書店）

2.2 生活枠組みの変容と新たな生活経営主体の事例

▷ 2.2.1 夫婦別姓からとらえる生活枠組みの変容と生活経営主体

　現在，家族の枠組みは一様ではなくなり，家族構成の状態や結婚観，家族観などもそれぞれに異なることが当然となった．しかし現在の家族の枠組みは法律で規定されている．例えば，日本で婚姻届を出さないカップルがいれば，それは「民法上の夫婦」ではない．民法上の枠組みにあてはまらない夫婦は，制度上，「夫婦ではない」という扱いを受ける．現実の生活では，家族は多様である．それにもかかわらず，法律（民法や戸籍法）は，家族をある一定の枠組みにあてはめようとしている．

　本稿では，変容する結婚形態と家族を考察することで，既存の法律にあてはまらない家族が，民法を改正していこうとする動きを紹介する．具体的には，現行民法で定められている「夫婦同氏（姓）」という固定的な枠組みに当てはまらない事例を紹介する．夫婦や家族は同じ姓でなければ，家族の枠組みに入らないのかなど，夫婦別姓を希望する事例を通して考えたい．

a.　別姓への様々な主張
ユウコさん（30代・営業事務職・女性／通称使用）

　20代で結婚し，営業事務の仕事をしている．結婚するときに「夫の姓」にするのが当然だと思っていたので，夫の姓を選択した．勤めていた会社では，結婚後も旧姓の通称使用を申し出た．私の仕事は，直接相手と顔を合わさず電話やメールなどでのやりとりをすることが多いので，名字が変わると不便だと思ったからだ．

　しかし実際に旧姓を使い始めてみると，会社で旧姓を使用できる範囲が非常に狭いことに気がついた．旧姓を使えなかった．せっかく，営業がうまくいって商談が成立しても，担当者欄に書く名前（戸籍名）が名刺の名前と違えば，顧客は不審に思う．また，逆に旧姓を使用せず，完全に戸籍名に変更すれば，取引先に私的な情報を伝えねばならず，相手からも結婚のお祝いなどで気を遣わせてしまう．それに，名前を覚え直してもらうことや，名刺や書類，メール

アドレスなどもすべて変更が必要となる．また，同じ社内の他の部署にも旧姓と戸籍姓の両方を伝えて，覚えてもらう必要があり，これまでの顧客とのつながりや，今後の仕事のことを考えると旧姓を通称として使い続けるには限界があると感じている．

トモコさん（40代・会社役員・女性／通称使用）

結婚当初から改姓による喪失感が嫌で別姓を希望していたが，婚姻届を出したときには，民法が整備され，すぐに別姓で婚姻届を出し直すことができると予想していたので，一時的なものと考え，夫の姓で婚姻届を出した．

自分自身が経営者なので，職場では完全に旧姓が使用できる．しかし海外での仕事も多く，公的な書類，特にパスポートや運転免許証が戸籍名であることにたいへん不便を感じている．外国では結婚しても姓が変わらないことが多いので（吉井，2008），「結婚したので改姓した」という説明では，相手が理解しにくいようだ．また，パスポートが戸籍名と旧姓との併記ができるようになったが，パスポートのICチップには戸籍名データしか入っていないので，結局旧姓は認識されず，あまり役に立たない．さらに，パスポート上の名前と仕事上で使っている名前と違えば，同一人物であるかどうかを取引相手から疑われてしまう．例えば，ホテルの予約などは，パスポートの名前に合わせて戸籍名でしているが，チェックインの時に旧姓を伝えておかないと，外部からの仕事の電話などを取り次いでもらえず，以前トラブルになったことがある．

公私共々100%通称で生活しているにもかかわらず，銀行などで旧姓名義の口座を開設できないことも非常に不満である．取引先からの入金についても，仕事は旧姓で振り込みは戸籍名となると混乱されてしまい，支障がでた．

ミホさん（30代・一般職・女性／事実婚）

結婚したいと思える人に巡り会えたが，お互いの親から結婚を反対されている．理由は，お互いに一人っ子で，結婚してどちらかの姓になった場合，その名前が残らないから．私の姓も珍しいもので，幼い頃から自分の姓は変えないようにと言われてきた．彼は姓を変えても良いと言ってくれたが，彼の親は「男が姓を変えるなんておかしい」と考えていて，反対されている．本当に好きな相手と結婚するのではなく，他の人と結婚したほうが良いのかと何度も悩んだが，お互いに結論が出せず，結局は事実婚（婚姻届を出さないが夫婦として生活すること）を選択した．事実婚を本当はしたくない．選択的夫婦別姓が

法律上認められれば，事実婚をする必要もなく，事実婚による弊害について悩むこともないだろうと思う．民法が改正されれば，是非婚姻届を出したい．

タクヤさん（30代・営業職・男性／通称使用）

結婚する時，妻の実家が歴史のある旧家だったので，妻の親も，妻自身も姓を変えたくないと言っていた．最初は男が姓を変えるなんて…とも思ったが，自分には姓を引き継がなければならないという義務もなかったし，妻の姓を選択した．ただし，仕事上は不都合が多いので旧姓を使用している．

旧姓が使えるので，仕事などで支障は出ていないが，職場で「婿養子になったのか？」と聞かれることもあり，職場での評価が低くなったように感じている．「仕事が無くなっても，奥さんの実家に助けてもらえば良い」というようなことをいわれることもある．また，友人からも「なぜ男なのに，結婚して姓を変えるのか？」と聞かれたり，親戚からも「妻の力が強い」かのように批判されたりした．それらはすべて偏見であり，妻の実家の力が強いわけでも，妻の実家に助けてもらおうと考えていることもなく，自分たち夫婦のことに関しては，姓を引き継いでいくことと財力とはまったく関係がない．

民法上は「夫または妻」の姓，どちらでも選べるはずなのに，妻の姓を選択しただけで批判されたり，評価が下がったりするのは納得できない．また，女性が結婚して姓を変えた場合，何も聞かれず祝福されるのに，男性が改姓するというだけで色々と憶測され，たいへん不愉快である．別姓が認められたら，お互いの姓を選択することも普通になるだろう．

メグミさん（40代・専門職・女性／事実婚→通称使用）

結婚するときから，姓が変わるのは嫌だった．法律ではどちらかの姓を選ぶことになっているのに，ほとんどの場合女性が改姓すること，片方だけ（多くは女性）が名前を変えて人生をやりなおさなければならないことに疑問を感じていた．多分，仕事をしていなくても，名前を変えていなかったと思う．

結婚当初は事実婚をしていた．夫は自分が改姓するべきかどうか悩んでいたが，私は自分が嫌だから夫に改姓して欲しいとは思えなかった．その後，子どもが生まれたこともあり，婚姻届を出し，戸籍姓が夫の姓になった．通称使用は社会的に容認されてきているが，健康保険や免許証など公的には戸籍名しか使えないため，いざとなると自分を証明するものがない．やはり苦痛である．

夫はもちろん，義父母も，私の通称使用を受け入れてくれていて，本当に感

謝している．子どもは2人いるが，生まれたときからふだんの生活では別姓なので，それが当たり前だと思っているようだ．私宛の手紙や，おままごとをするときには，私の本名（旧姓）を書いてくれる．

　夫とも，2人の子どもとも，姓は違うが家族は普通に仲が良い．とくに困ることも寂しいこともなく，一緒に充実した毎日を過ごしている．

b. 別姓を望む理由

　夫婦別姓を望む理由は，「仕事上の不便・不利」，「アイデンティティ（名前を変えたくない）の問題」，「家（名前）を継ぐ問題」に大別できる．また，「イエ制度に縛られたくない」と考える人もいれば，逆に「家（名前）を残したい」という人もいる．現行民法では，夫婦どちらかの姓しか選べず，選択肢が十分とはいいがたい．また，これらのカップルの中には，婚姻届を出して法律上も夫婦になりたいと望んでいる人が多い．

　ユウコさんの事例は，結婚によって改姓したことで起こる仕事上のトラブルである．結婚後も働き続ける女性が増えてきたことや，晩婚化も進み，旧姓でキャリアを積んできた女性が改姓することのリスクを読み取ることができる．女性の婚姻年齢の平均が30歳近くなってきた現在，結婚までに約10年近くのキャリアが積まれている．日本では姓を使って仕事をすることが多く，姓が変わるとキャリアの分断になることもある．また，旧姓が使用できるかどうかは雇用者側の判断に任されており，まったく使用を認めない企業も多数ある（吉井，2008）．

　トモコさんの事例では，ユウコさんのように職場の中でのトラブルはほとんどみられないものの，海外での取引や，外国の人との制度や認識の違いが読み取れる．表2.2に示した資料のように，先進国のなかでも日本は「同姓（氏）婚」しか認めない珍しい国である．取引先が，毎日顔を合わせる相手でない場合，余計に氏名は重要な意味をもち，改姓によって支障がでる．海外で自分を証明する書類であるパスポートには，最近旧姓との併記が一部認められるようになった（申請と許可が必要）．しかし，ICチップなどで確認される場合には，併記されている旧姓データは出ないため，航空券やホテルでの宿泊者名は必然的に戸籍姓となる．また，謝礼の入金に使う銀行口座が通称では開設できないため，トモコさんのようにトラブルになることも多い．

表 2.2 外国における夫婦の姓に関する法制度について（認められるものに○印）

国名	夫婦同姓	結合姓	夫婦別姓	備考
アイスランド	○	○		
アメリカ合衆国	○		○	州により異なる場合がある
イギリス	○		○	
イタリア	○	○		夫の姓を共通の姓とする
インド	○			妻は夫の姓を称する
オーストラリア	○		○	
オーストリア	○	○		
カナダ（ケベック州）			○	
スイス	○	○		夫の姓を共通の姓とする
スウェーデン	○	○	○	
スペイン			○	
タイ	○		○	2005年に法改正された
大韓民国			○	男系の血統を重視
中華人民共和国	○	○	○	
中華民国（台湾）		○	(○)	冠姓が原則
デンマーク	○		○	別姓が原則．申し出によって同姓も可
ドイツ	○		○	1994年に法改正され，別姓が認められた
トルコ	○		○	法改正により規定が無くなった
フィンランド	○		○	別姓が原則．申し出によって同姓も可
フランス	○	○	○	
ベルギー	○		○	別姓が原則．申し出によって同姓も可
ポルトガル		○	○	別姓が原則

吉井（2008）に一部加筆修正．

　ミホさんの事例にある「事実婚による弊害」は，法律上の夫婦として認められないことから生じる．例えば，2005年4月におこったJR西日本福知山線脱線転覆事故では，事実婚として10年以上も生活をともに過ごしていた夫を亡くした妻が，婚姻届を出していなかったこと（事実婚）を理由に，JR西日本から遺族としての扱いを拒否されたケースがある．その後，JR西日本の対応への憤りを綴った遺書を残し，その女性は自殺した（4.25ネットワーク）．事実婚を選択する理由は様々であるが，自分達が「夫婦である」と認識，公言し，生活している者へ日本社会の対応は，未だ決して良いものではない．

　アイデンティティの問題については，トモコさんやメグミさんのように，自分が自分でなくなってしまうような喪失感を感じる人も少なくない．例えば，男性に「あなたが結婚して名字（姓）が変わるとしたらどう思いますか？」と聞けば，彼女たちのように喪失感を答える人も多いだろう．どちらかが改姓しなければならないなら，片方は喪失感を感じることになる．

アイデンティティだけでなく，実際に姓を失くすと困るという事例がミホさんやタクヤさんの事例である．兄弟姉妹の数が減少するなか，家名を残さなければならないとする家では，結婚自体が破談になるケースも少なくない．近年少子化が進み，1組の夫婦に子どもが1〜2人ということが増えてきた．よって，単純に考えれば，約半数が「長男」「長女」である．相手と出会い，恋愛し，いざ結婚をするというときに初めて，家名の問題などに直面するケースも多い．またタクヤさんのように，男性が改姓する場合もあるが，そのことへの社会からの偏見は強い．日本では，2005年には96.3％の夫婦が，夫の姓を選択しているのが現状である（厚生労働省，2006）．多くのカップルが夫の姓を選択していることが，スパイラルに社会の偏見を強くしている．妻の姓を選択することで，偏見の目にさらされるのが嫌で夫の姓を選択するカップルも存在する．また，妻の姓を選択したからといって，（婿）養子ではない．しかしながら，妻の姓を選択するだけで，このような偏見があるのは事実である．

今後もし，「選択的夫婦別姓」が認められた場合，その夫婦の間に生まれた子どもの姓についての議論がされ始めている．選択的夫婦別姓法案は1998年以降，野党から衆参両院に提出されているが，国会ではこれまで与党の反対者が多かったため成立には至っていない．反対意見のなかには「親子で姓が違うとかわいそうだ」というものがある．2006年に行われた世論調査でも夫婦の名字が違うと「子どもにとって好ましくない影響があると思う」と答えた人が66.2％いる（内閣府，2007）．はたして親子の姓が異なることは，「好ましくない影響がある」のだろうか．その答えは，メグミさんの事例で読み取ることができるだろう．メグミさんは結婚当初，事実婚をしていた．しかし，子どもができると「嫡出子／非嫡出子」の問題などを考え，婚姻届を出した．メグミさんは2人の子どもとふだんの生活では姓が異なる．しかし，子どもたちは生まれたときから別姓の環境で育っているため，大きな影響はみられない．また，メグミさんが旧姓を使い続けることに対して，夫はもちろん，夫の親，子どもたちも受け入れており問題はないようだ．家族の中で姓が異なっても，当然のことながら仲良く過ごしている家族はいる．

同様の結果は2001年に別姓を望む夫婦の間に生まれた子どもたちにとったアンケート結果からも読み取れる（『別姓夫婦の子どもたちのアンケート調査結果概要』）．そこでは，「名字（姓）がいっしょでないと，家族のつながりが

なくなるという意見がありますが，どう思いますか」という質問について，「名字が一緒でないだけで家族でないのなら，そんな家庭は名字が一緒であっても幸せになれない（17歳・男）」，「子どもの頃から別姓が当たり前だと思っていたし，私にとってとても大切で大好きな父と母と妹です（23歳・女）」，「うちの家は，きょうだいで名字がちがう．でも私は自分の名前が好きだし，きょうだいも好きだ．名前がちがっても我々は仲がいい．それよりも『名前を変えたら子どもがかわいそうだ』なんていう意見は，どうがんばっても理解できない．そんなことを吹き込まれる子どもの方がかわいそうだ（13歳・男）」という回答が得られている．

　親子の姓が違うとかわいそうという意見は，親の離婚などで改姓する子どもが増えているなか，親子で姓が違うことによって「離婚」をイメージしてしまっている偏見に過ぎない．また，別姓が選択可能になれば，親の離婚などで子どもが姓を変える必要もなくなるため，逆に子ども自身のアイデンティティの形成にも有効だともいえる．そして，家族の姓が同じでも，同じでなくても家族である，ということが当然のように認識される新しい生活枠組みが構築され，社会的認識が広がることが望ましい．家庭科教育はそのための重要な場である．

c. 多様な価値形成に向けて

　事例にあげた彼らの多くは，結婚を意識し改姓の問題が生じたとき，自分たちのアイデンティティが崩壊することを認識している．そして，自分たちの価値意識とは異なる法律が，家族の枠組みを固定化していることに気づいた．彼らは最初，「自分たち夫婦やその家族の問題」として悩み，1人の力の弱さを感じていた．しかし，同じ思いをもつ者同士がネットワークをつくり，その活動によって再認識され，自分たちが考える新たな家族の枠組みを構築したいという思いのもと，夫婦別姓選択制実現協議会が2001年に立ち上がり，現在も活動を続けている（http://www.bessei.org/）．具体的には，署名活動やメールマガジンの発行，体験談を掲載したり，国会議員に働きかけて民法改正を求めたりしている．

　民法改正については，前述したように進んでいない．つまり，新しい家族の形態や夫婦の形態を法律が認めるに至っていないということである．2009年8

月には国連からも日本の家族に関する法律を「即時改正すべき」と勧告されており，日本が諸外国に比べ立ち遅れている状況が伺える．同じ頃，政権交代によって民主党が与党となり，これまで地道に活動してきた別姓を希望する家族の期待が高まっている．法律が「家族は同姓でなければならない」という生活規範を押しつけるのではなく，法律は生活者の視点でつくられなければならない．また生活者の実態に合わせて，法律はその都度見直されるべきである．これからの法改正の動きにも注目していかなければならない．

　今後は，夫婦別姓という生活価値や生活規範の社会的認知をすすめ民法を変えようという行動力も，生活経営力として必要とされる力となる．自ら参画して社会に働きかける行動が必要であろう．　　　　　　　　　　〔吉井美奈子〕

引 用 文 献

すすめよう！民法改正ネットワーク，『別姓夫婦の子どもたちのアンケート調査結果概要』
　2001 年 9 月中旬〜11 月中旬調査
厚生労働省，2006，『平成 18 年度「婚姻に関する統計」人口動態統計特殊報告』
国連・女性差別撤廃委員会（CEDAW），2009，http://www.gender.go.jp/teppai/6th/CEDAW6_
　co_j.pdf
内閣府，2007，『家族の法制に関する世論調査　平成 18 年 12 月調査』
吉井美奈子，2008，「女性労働者の職場における旧姓使用の実態―企業向け調査と女性労働
　者へのインタビュー調査より―」，『家政学研究』，Vol. 55，No. 1
4.25 ネットワーク，http://www.4-25.net/

参 考 文 献

千藤洋三他，2005，『プリメール民法 5　家族法〔第 2 版〕』法律文化社
東京弁護士会／女性の権利に関する委員会，1990，『これからの選択　夫婦別姓』日本評論
　社

▶ 2.2.2　自助・共助・公助の三者連関の中でつくられる生活経営主体
―子育て支援を事例として―

　生活経営が家族―地域―国という静態的な同心円を描くような関係性でとらえきれなくなって久しい．現実には，生活する個人と家族，地域，国の関係は複雑である．生活事情や価値観が多様化した今日では，個人と家族，地域，国は予定調和的な関係にあるわけではなく，生活経営または生活経営主体も新た

な関係性のもとに再構築される必要があると思われる．以下では，子育て支援を事例として，新たな生活経営主体の形成の事例を提示し，何が主体形成の要因としてはたらくのかを考える．

a. 子育て支援をとらえる視点

かつての子育て支援は，子育ての困難を軽減するために科学的知見と経験的智恵を授けること，また「知っている者」や「経験者」が「知らない者」「未経験者」に何らかのことがらを伝達するような支援が主であった．1980年代の後半には仲間同士の支え合いによる支援が行われるようになり，「縦関係」による支援を「横関係」に転換することが行われた．この変更は生活主体の形成を促進したという点では大きな意味をもっていたが，「横関係」による支え合いはややもするとその関係性の枠内で収まってしまうという弱点も含んでおり，必ずしも社会的な発展に結びつかない面もあった．

本来，子育ては私的な側面と社会的な側面をもっている．ところが，今日の子育て事情は複雑さと困難さを増しており，社会的側面としての「公助」「共助」と私的側面としての「自助」の2つを取り上げるだけでは，現実に起こっていることをとらえきれなくなっている．以下では，公助，共助，自助の3つがどのように関係しているのか，1つの事例を通して考えたい．事例は，兵庫県A市で子育て支援にかかわってきたAさんの活動を中心に，Aさん自身の語りを通して生活経営主体としての展開を跡づける．Aさんは大学卒業後，OLとなり，結婚を契機に「寿退社」し，専業主婦になった人である．結婚後は大都市の住宅街に居住し，2人の子どもを育てつつ「よい母親」となることを志していた．いわば典型的な「都市型女性のライフコース」をたどってきた人である．Aさんが居住する地域は転勤族が多く，利便性は高いが，個々の家庭が孤立しやすい典型的な都市型の環境にある．

b. 子育て支援の事例—Aさんの軌跡を語る—
(1) 自助からの始まり

学生時代には勉強に，職場では仕事に励んだように，結婚後は良き妻・母になるために，子育てサークルや「友の会」[1]の活動を始めた（1990年，長女1歳）．周囲は子どもが少ない環境であったため，彼女が幼稚園に入るまでの期

間，楽しい時間を与えたいと考えたからである．週1回，5～6組の親子で手遊びや体操などの活動を，二女を出産するまでの2年間続けた．他方の「友の会」では，およそ10年間，家事や子育てについて学んだ．「友の会」は主婦がグループで家事を学びあう団体であるが，家事技術の個人的な向上だけではなく，家庭生活の合理化を通して，社会の健全化をめざす活動を目指していた．ただ，当時の私は家計簿記帳やケーキ作りに習熟したいとだけ考えていた．

皮肉にも，「友の会」で学んだ「家庭経営は主婦一人で行うのではなく，幼い子どもも夫もみんなで協力するもの」という考え方や，買い物や生活時間などを記録して検討する科学的アプローチ，合理的で簡略な家事技術は，後に私が母役割，妻役割を軽減するために大変に役に立つことになった．

(2) 自助から共助へ

「わが家・わが子のため」の活動から，「社会全体の子どものため」を思い仲間と活動するようになった転機は，1997年にCAP[2)]の活動に出会ったことにある．子どもが被害者になる事件が相次ぎ，家庭だけでは子どもの安全は守れない，ではどうすればいいのかとPTAの仲間たちと探すなかで，CAPの存在を知った．CAP実践者の養成講座を受け，実践活動を行うにつれ，子どもへの体罰を容認する社会，母親に子育てを押しつける社会の問題性に気づいた．

その後はジェンダー問題や親学習にも関心が広がり，1999年には親学習のグループを立ち上げ，学習会や講演会を主催するようになった．翌年にはA市の女性団体協議会の役員や男女共同参画に関する市民委員にも就任した．

CAPや親学習の活動では，仲間との強いつながりや，やりがいを感じることができたし，不定期で少額ではあるが，対価（謝礼金）も得られるようになった．同時に，ジェンダー視点を獲得したことで，自分の意識も「母としての子育て」という発想だけではなく，「仲間と一緒に社会全体の子育てに力を注ぐ」ことに拡大し，実際の生活も家族だけの世界から，仲間集団に広がっていった．

2003年には児童虐待防止等の活動が評価され，A市の人権教育・啓発推進アドバイザーの仕事（フルタイム）を得た．そこで，乳幼児の母親のための連続講座「2003子育て学級」を実施し，このことが子育て支援について深く考える契機となった．アドバイザーの仕事が終了した2005年に，母親の学びを支援する方法を深めたいと考え，社会人を対象とした大学院に入学し，「2003

子育て学級」の参加者とともに「母親のためのジェンダー学習プログラム」を開発した．ここから，現在行っている子育て支援活動の仲間も生まれた．

　アドバイザーの仕事では，親学習の講演や，子育ての相談，虐待ハイリスクの母親のグループワークなど，子育て支援に公的な立場でかかわることができた．そして，私的な活動では得にくかった社会的信用や情報は，「仕事」として行うと容易に入手できることも経験した．また，家族の理解や協力も得やすくなった．活動で帰宅が遅くなるのは「自分勝手」となるが，仕事なら「やむを得ない」ことになるのである．これらの経験を通して，家庭でも，社会でも，女性の「活動」が「仕事」と同じように，きちんと評価されるシステムをつくることはできないものか，と考えるようになった．

(3) 共助を支える公助

　大学院在学中に，在籍していた大学に設置されていた子育て支援のためのサテライト施設に接し，A市にも子育てのためのドロップインの場をつくりたいと強く願うようになり，地域に設置された新施設「コミュニティルーム」の運営委員となった．地域団体代表者で組織された運営委員の間では，同ルームについてはメンバーが固定された大人のグループだけで使う，という意見が主流であったが，若い母親が孤立して子育てをしている事情を訴え，「不特定多数の子連れ」も利用できるようにした．そこで，子育て支援の仲間に相談し，2006年4月に乳幼児親子の広場「どろっぷす」を月2回，開設することにした．「どろっぷす」には毎回10組ほどの母子の利用があり，スタッフに夜泣きや離乳食の相談をするだけではなく，利用者同士で遊び場や小児科の情報交換を行う人，一緒に公園に出かける人たちも出てきた．

　このようなドロップインを常設できる手だてを探していたとき，A市で「つどいの広場」事業[3]の委託が始まったことを知り，2007年度の募集に向けて準備を始めた．自費で駅前のマンションの1室を借り，仕事帰りや休日に少しずつ部屋を整えた．

　「つどいの広場」を運営するためには，「どろっぷす」の仲間だけでは不足するため，私が会長を務める地域の子ども会や「友の会」で知り合った友人に声をかけ，新たな団体「こんぺいとう」を立ち上げた．このとき，かつて行った「2003子育て学級」の参加者で，将来は子育て支援にかかわりたいと話していた2人にも仲間に入ってもらった．短時間であっても有償の仕事をもつこと

や，自分の子育て経験が他の母親の役に立つことは，子育て中の母親の視野の拡大に役立つ．他方，「つどいの広場」としても，当事者に近い人がスタッフとして従事することで，支援される側と支援する側を「横関係」に保つことができると考えたためである．

このようななかで，2007年3月に，マンションの一室を利用して乳幼児親子のつどいの広場「こんぺいとう」をスタートさせ，5月末に受託（委託費458万円／11か月）が決定し，スタッフに人件費を支払えるようにもなった．「つどいの広場」はノンプログラムで，親子の見守りが中心の活動である．

翌2008年には，さらにもう1か所の「つどいの広場」募集があると知り，事業規模の拡大をねらって任意団体であった「こんぺいとう」のNPO法人化に踏み切った．2008年4月よりNPO法人として，つどいの広場「こんぺいとう」の委託継続と，5月より新規事業として「びすけっと」を受託した．さらに，9月には，市内の子育て支援の拠点施設と目されてきた「市立すこやかプラザ」の指定管理者に応募し，翌年3月に指定管理者の指定を受けた．

現在，「つどいの広場」2か所の委託と，施設1か所の指定管理という行政との協働事業の他，自主事業の広場「どろっぷす」や食育および花育プログラム（後述）などのワークショップ提供，子育てに関する情報提供などを実施している（法人の年間予算は2009年度で約5000万円）．「すこやかプラザ」では職員5人，アルバイト6人を雇用しており，「つどいの広場」には15人がスタッフとして有償で働いている．

(4)「社会を変えたい」という願望

私が始めた子育て支援活動はNPO法人格を取得し，行政の委託事業や指定管理事業を実施するなかで，一定の信頼と認知を得ることができた．単に「こんなサービスがほしい」と要求するのではなく，必要な事業を率先して実施することで，周囲に理解され，協力も得やすくなる．「すこやかプラザ」でも「多胎児親子のための広場事業」「虐待ハイリスクの親へのグループワーク」「ジェンダー視点に立った親学習」「発達障害学習会」など，NPOの特色を生かした先進的な事業を実施している．

また，自主事業「花育」によって，民間企業の子育て支援への理解を深めることもできた．「花育」[4]は農水省が推奨し，「植物」を使った子どもの情操教育に花卉業界が協力しているものである．この事業を実施している企業に出向

き，乳幼児を子育て中の母親にとって，花に触れ，自分の気持ちを表現する時間が非常に有益であることを話し，「花育まま」「花育きっず」「花育ダンディ」というプログラムに協力してもらうことができた．「花育まま」は，私が開発した1時間の保育つきプログラムで，保育スタッフ，ファシリテーターもNPOで育成し，有償で従事している．

　子育て支援活動が母親同士の「活動」であるかぎり，閉じた輪の中を循環するだけに思える．「活動」が「仕事」として評価されることが，「子育て」を女性だけでなく社会全体で責任をもつものにするのではないだろうか．これからも，NPOならではの先進性，創造性をいかし，「子育て支援」で社会を変えていきたいと願っている．

c. 生活経営主体形成をとらえる新たな枠組み

　都市部で子育てを行う母親たちの孤立的状況を軽減するため，子育てサークルがつくられ，自治体などは支援事業として指導・助言サービスを行ってきた．この発展型として，今日では様々な施設でドロップインによる子育て支援が行われている．子育てサークルやドロップインによる子育て支援は同輩同士による支え合いを基本とし，支え合いのなかで子育て主体としての成長を遂げることが目指されている．しかし，ほとんどの場合，子育ての主体者は母親であり，父親やその他の親密な関係にある人々は「子育てのお手伝い」という位置づけになっている．

　そのため生活経営の単位を「家族」として整理するだけでは，今日的問題を分析し，解消する方策を考えることができない．事例では，Aさんは「活動」が「仕事」になったときに，家庭内の人間関係が変わったと述べている．つまり，「家族」の内部に変化が起こったのである．このことは，Aさんのみならずスタッフとして働く人々でも生じたという．こうしてみると生活経営主体は個人と親密圏にある人々の相互作用として，また，個人が社会との関係性をつくっていく動的な過程としてとらえる必要があると思われる．

d. 自助と共助の間

　Aさんは，母親は子育ての主体者とみなされながら，実は主体たり得ていないのではないかと考え，夫（父親）との関係性のとらえ直しを視野に入れ，

「2003子育てセミナー」のなかで，子育て終了後の母親の人生を見通す「生活設計」の学習を組み込んでいる．その結果，セミナー参加者は「子どもを育てる」という視点だけではなく，「自分の人生」という視点を獲得した．そして，ある者は再就職を決意し，ある者は父親（夫）の子育て役割に目を向けた．夫との関係性のとらえ直しは単純ではなく，葛藤やあきらめも含んでいる．しかし，従前には「子育ては自分の仕事」という思いを強くもっていた母親たちが，自分と親密圏にある人々の関係性に気づくようになった．

　Aさん自身も夫との関係性について，相互の立ち位置を変更している．Aさんは，乳幼児親子のための居場所づくりを始めたことにより，家庭の外側に起こったことが家庭内の協働体制をもたらしたと述べている．このことは自助（母親が子育てをするための努力）があって，その発展型として共助（母親相互による子育て支援）が成立したとみることもできるが，実際には，むしろ共助があることにより自助を自覚的にとらえ直したことに注目したい．従来，「自助」は「家族の自助」を示すことばとして理解されてきた（石黒, 2004）．しかし，先述したように子育てにかかわっては「家族の自助」とは，実際には「母親が一人で行う努力や工夫」を指しており，「家族の自助」という中身こそ問題にしなければならない．むしろ「自助」とは「個人の努力や工夫」が親密圏にある人々（父親やその他の家族）との関係性のなかで起こるものとして，とらえる必要がある．そして，親密圏での関係性のとらえ直しは母親同士による支え合いとそれを成り立たせている地域の「共助」との接続のうえで成り立っている．自助では不足する部分を共助により補うというだけではなく，共助により自助のとらえ直しが行われているのである．

e．自助，共助，公助の関係性

　Aさんは2007年3月にドロップインによる子育て支援を始め，セミナー参加者に「世話役」となることを呼びかける．世話役を担った人々は「支援する者」になったことにより，自治体の政策や他の子どもへも目が向き，何よりも自信をもつことができたという．ドロップインは地域の人々が気軽に利用できる場であり，この場を利用して相互に子育て支援，つまり共助が行われている．

　Aさんは2009年に自治体の子育てセンターの指定管理者となり，当該の自

治体から一目おかれる立場になったことで，社会的支援の意味をさらに自覚的に考えるようになった．このことは，公助を個人または家族に対する直接的な社会保障としてではなく，自助や共助を実現するための公助という視点からとらえる必要がある．Aさんの事例は自助，共助をつくる基盤としての公助という位置づけが明確に表されている．さらに，公助はAさんが語っているように「こんなサービスが欲しい」という単なる要求の対象ではない．公助は国や自治体が立てる政策としてではなく，生活する主体が自らの努力や工夫を行う過程で練り上げ，つくり上げるものとしてある．事例では「花育」により，企業が個人の要望に合わせて協働関係をつくったことも述べられている．公助は国や自治体などの「公」だけではなく，企業などの「社会的な存在」も含めてとらえる必要があろう．以上より，個人の様々なリソースをつなぐことで，共助，公助が生まれ，社会に新しい価値をもたらし，それがさらに自助を育むという循環した環を想定することができる．

　社会政策では公助を「国の政策」としてとらえ，自助や共助では不十分な部分を補うことを旨とし，また民間企業については私的営為という意味で自助の範ちゅうで扱ってきた．しかし，公と民は複雑に浸潤し合っており，生活経営の側面からみると，公助は生活経営の主体が求め，つくっていくものとみなすことができる．そうしてつくられた公助は新たな自助や共助を生む基盤になる．つまり，自助，共助，公助は相互に関連して存在し，規定しあう関係にあり，「福祉ミックス」（松村，2000）として個人の生活を支えるものではあるが，それら三者を区切る境界線は薄い浸透膜のごとくである．生活経営主体は個人と親密圏にある人々がつくり出す自助が共助，公助との相互規定性の中で育ちゆく動態としてとらえる必要がある．

注

1) 友の会：1930年設立．羽仁もと子の思想を土台に，「家庭は簡素に，社会は豊富に」「家庭は社会の実験室」といったスローガンを掲げ，主婦がグループで家事を学びあう団体．
2) CAP（Child Assault Prevention＝子どもへの暴力防止プログラム）：1978年，米国オハイオ州のレイプ救援センターで開発・実施された児童虐待防止教育プログラム．日本では1995年から実践者の養成が始まった．

3) つどいの広場：厚生労働省 2002 年度創設事業．主に乳幼児（0〜3 歳）をもつ子育て中の親が気軽に集う場所を設置し，子育て相談や子育て情報の提供，親や支援者の学習機会を提供する．
4) 花育：農林水産省は，2007 年に花育活動推進方策と花育活動全国事例集を策定．

〔朴木佳緒留・濱田格子〕

文　　献

石黒由美子，2004，「自助，共助，公助」（社）日本家政学会編『新版家政学事典』，p.252，朝倉書店

松村祥子，2000，「福祉ミックス時代の生活課題」（社）日本家政学会生活経営学部会編『福祉環境と生活経営―福祉ミックス時代の自立と共同―』，pp.26-30，朝倉書店

▷ 2.2.3　ホームレスへのハウジング・ファースト・アプローチによる生活経営主体の形成

　総務省の労働力調査によると，2009 年 6 月の有効求人倍率は 0.43 と過去最低となり，景気減速による雇い止めや派遣切りなど，雇用情勢の厳しさから非正規労働者の失職が急増した．さらに住む所を失いホームレスになる者の存在は，社会的な問題となった．ホームレスの問題に，居住支援から生活支援へと総合的な支援に広がっている事例を取り上げ，そこから見えてくるものを検討し，生活経営主体の形成に，何が必要とされているのかを考えていきたい．

　a.　ホームレスへの支援
　　―特定非営利活動法人の取り組み（埼玉県，ほっとポット）―

　ボランティア団体ほっとポット（現 NPO 法人ほっとポット）は，2004 年に福祉を学ぶ学生 2 名が，さいたま市大宮公園や芝川河川敷で，ホームレス状態の人たちへ月 2 回の巡回相談事業を始めた．野宿を選択せざるを得ない状況，その他の選択肢の情報をもてないなかで，まず居宅確保の支援を行い，2 年間の巡回訪問活動で，路上からアパートへ約 60 名が転居した．その後，特定非営利活動法人となり，現在は社会福祉士 6 名が，地域の自治会や民生委員，保護司と連携して，主にさいたま市周辺でホームレス状態の人，生活に困っている人の相談を受け，住宅の確保を第一とする支援であるハウジング・ファースト・アプローチで地域生活をサポートしている．具体的には，① あんしん生

活サポート事業として，支援付きアパートを運営し，生活困窮状態の人に，法人で借りたアパートを低家賃で，初期費用や保証人なしで貸す．②地域生活サポートホーム事業として，住む場所がなく困っている人や一人暮らしが不安な人へ，地域で空き家になっている家の個室を低家賃で貸す．社会福祉士が訪問し，民生委員と協力しながら生活相談を行う．おおむね1年を目安にアパート生活か社会福祉施設など，地域生活や個々に適した住居へ移行する．③生活まるまるコーディネートサービスとして，生活困窮状態の人にアパート入居の手伝い，生活保護の申請の同行，障害手帳の申請補助，介護保険の導入補助，多重債務の相談，成年後見制度利用補助等を行う．

次に認知症高齢者への支援の事例1と母子家庭支援の事例2をあげる．

(1) 事例1：ホームレスを続けていた認知症高齢者　60歳代男性

「住む場所とお金がなくて困っている．どうにかしてほしいと生活保護の窓口で相談をお受けしたのだが，ほっとポットで受け入れをしてもらえないか」と福祉事務所より連絡．インテーク面接時，「昨日はどこで過ごされたのですか？」というこちら側の問いに対し，はっきりした返答が返ってこない．それ以前の話を聞いても記憶が曖昧であった．時間をあけて同じ質問をしても，同じ答えが返ってくることがなく，同じ内容の話を何度も繰り返し話された．→認知症の可能性あり．MMSEの施行．結果は，認知症との境界ライン．

(病院受診)：結果，混合型認知症であることが判明．主治医からも，一人暮らしは困難，介護者が不在であれば，早急に介護保険施設を利用する必要があるとの指摘を受けた．→介護保険申請手続きをするために，地域包括支援センターへ依頼をするが，住民票がないという理由で，かかわりを拒否される．男性を連れて，介護保険申請に行くが，住民票がないからそもそも申請を受け付けることができないといわれる．

(生活状況)：本人は「入浴している」というが，入浴した形跡がない．社会福祉協議会で貸付をうけた3万円を1週間で使い切ってしまう．大食症状あり(ある日のレシートをみると1回につき，おにぎり3個・菓子パン3個・お弁当1個を購入していたことも判明する．それを帰宅するなり一度に全部食べてしまう．またそれだけ食べているのにもかかわらず，おなかがすいたと話す)．本人の持ち物から医療機関の領収書が出てきたが，1日で東北と関東の2つ病院にかかっているということが判明する．徘徊症状．→衣食住を確保するため

にも介護保険施設での保護が必要であったことから，高齢介護課にも協力を仰ぎ，急遽，特別養護老人ホームのショートステイを利用することとなった．ただし，ショートステイは期限が決められているため，生活保護のケースワーカー，地域包括支援センター・高齢介護課の方などに協力を仰ぎ，次の行き先を探した．結局，認知症対応のグループホームへの入居が決まり，やっと安定した居住場所に移ることができた．

(2) 事例2：母子家庭　30歳代女性・小学生の親子

（初回電話）：「埼玉県内でアパート生活をしているのですが，家賃を3か月程払っていなくて不動産屋の店員から今月中に立ち退くように言われているんです．ただ，お金はないし，生活保護の相談は断られてしまったし，どうしていいかわからなくて困っているんです．」

（インテーク施行）：生活保護の窓口へ相談に行ったが，「あなたが働けば大丈夫でしょう．まだ若いんだからがんばりなさい」といわれ，申請は断られた．小学生の娘も同居していたが，転校手続きなどどのように行えばよいのかまったくわからず，娘はほとんど学校へ通っていない．生活費を工面するため，消費者金融への債務がある．

（初回アセスメント）：安定した居所の確保と生活費の保障が急務である．そのため，現在のアパートへ住み続けることができるか不動産屋へ交渉．困難であれば，地域生活サポートホームへの入居を勧める．生活費については，生活保護申請をし，生活保護が決定するまでは緊急福祉資金の貸付手続きを社会福祉協議会で行う．娘の登校支援については，支援課（児童福祉係）の担当者と生活保護ケースワーカー主導で進めていただくように依頼をする．債務整理については，近所の司法書士事務所へ依頼をし，相談する．

（モニタリング）：地域生活サポートホームに入居し，生活保護も決定したため，居住場所と生活費は確保できた．娘については，支援課と生活保護課で協力し，週に1～2回は登校できた．中学校は一般中学校に行くことが決まっており，入学準備を進めた．ただ，母親が入学に必要なものとして書かれてある書類をほとんど理解できていないことが判明した．また，娘自身も「九九を今覚えているところなんです」「ノートってどういうふうに使うんですか」などと，学力の明らかな遅れと学校とはどのようなものかまったく把握できていない，そして母自身もその娘の発言に対し，返答できていないという事実が明ら

かとなった．司法書士への相談日当日になると，「熱が出た」といって毎回約束をキャンセルしてしまう．ただ，熱が出たにもかかわらず，家で寝ているのではなく他の用事があれば外出してしまう．その他の手続きについても，同じような傾向がみられるようになった．住民異動の手続きについても一緒に同行する約束を何度も破り，1か月経過して，やっと手続きが完遂するという状況．こちら側が注意をすると，母親がとても怖がるようになった．

(再アセスメント)：前述から，母親はやさしく言葉をかけないと話を聞くことができなかったり，新しい環境におかれると身体の不調を訴えるというような傾向がみられることがわかる．母親自体に知的障害があるのではないか．また，娘も同様に知的障害があるのではないか．→カンファレンスの開催

① 娘については，支援課（児童福祉）ケースワーカー・家庭児童相談員に報告したうえで，特別支援教育相談センター職員にも介入を依頼．心理検査を行う．

② 母親に関しては，療育手帳の申請．

(再モニタリング)：① 娘は精神発達遅滞の領域に入ることが判明し，今後は娘の性格や意向も確認しながら，来年度から特別支援学校・教室へ通学できるような手続きを進めている．② 母は中度の知的障害があることが判明．その判定までの過程のなかで，日常生活において娘に依存していることがわかり，娘の不登校の原因になっていることが判明．そのため，母については，支援課（障害福祉）ケースワーカー，障害者生活支援センター職員へ介入を依頼し，娘が巣立った後，何らかのサービスを受けながら，一人で生きていく力を身につけるためのプランを作成する．

　現状では，事例のように障害があるのではないかと疑われるホームレスが多い．こうしたことから，人間関係を築くのが難しく，地域住民に対して配慮を要することを伝える必要がある．他に，ワーキングプアと呼ばれ，就労しても低所得で生活できない環境にある若年層からの相談も多い．若年者は社会経験が少なく，労働問題を解決するための支援を必要とする．総合的な支援の必要から，相談，支援，調査を反貧困ネットワーク埼玉と共同で行い，刑事弁護や窃盗，無銭飲食などの問題には埼玉弁護士会とネットワークを組むなど支援の方法を模索している．支援を受け，福祉サービスを利用して後，再びホームレスにならないように，人間関係の貧困に対処できる場所を創設する必要があ

り，総合的な支援が今後求められる．

b. 生活経営の形成を支える社会の責任

ホームレスの問題は，日本国憲法第 25 条の生存権および生活保護法にある"最低限度の生活の保障"にかかわる．セーフティネットから漏れているホームレスを，"社会から排除され，孤立している"対象として，その理由を個人の問題とするだけでなく，排除を生み出す社会や制度にも問題の所在があるという考え方，インクルージョンの視点が必要である．インクルージョンとは，包括，包含，包摂という意味で，貧困・障害・逸脱などの状態によって社会の主流の生活や機会から排除されている人々に対して，特別のニーズをもった人々ととらえなおして必要な供給を行い，主流の生活に包摂しようとする考え方である．事例では，ハウジング・ファーストを要とする支援活動のなかで，人間関係の貧困に対処できる場所を創設する必要が示された．ハウジング・ファーストとは，欧米のホームレス対策で，就労支援よりも住宅支援を先んじて行うものである．

なぜ，ホームレスになったのか，理由について厚生労働省の『住居喪失不安定就労者等の実態に関する調査報告書』(2007) では，失職が住所の喪失に直結すること，また，「悩み事等を相談できる人はいない」という回答から，家族や友人，近隣の住民，行政の窓口など相談できる人的資源に乏しいという状況が，事例のようなホームレス状態を招いているとみられる．ホームレス生活が長期になる者が増加しており，厚生労働省の『ホームレスの実態に関する全国調査報告書』(2007) によると，ホームレス自立支援施設等を利用した後に，再びホームレスに戻る者もいる．2003 年の『ホームレスの実態に関する全国調査』と 2007 年『ホームレスの実態に関する全国調査』の比較で「きちんと就職して働きたい」が減り「今のままでいい」が増加した．ホームレス生活の長期化によって，働く意欲を失い，再び地域生活の中に戻ることが困難になっている．住居喪失が長期化する前に早い段階での支援が必要になると考えられる．社会のネットワークや連帯感の不足が，ホームレスに至らしめた一因であり，地域社会の中に包摂していくために，住居喪失の早期からの継続的な支援が必要である．

ホームレスあるいはホームレス状態の人は，働く意欲はあるが失業状態の

者，事例のように医療や福祉の支援が必要な者，さらにアルコール依存症や社会生活の不適応，借金など，個人の要因が付加されて問題が複雑である．ホームレスの問題を，人間関係の貧困という面からとらえこれを解決するために，1980年代以降，移民二世，三世の若者たちの高い失業率の問題を抱えるフランスを例とすると，社会の側の責任が強調される（岩田，2009）．フランス共和国は「連帯」の思想を基に，個人の自由な活動は，社会の人々の相互依存関係に依るもので，相互扶助の責任を負い，社会的なネットワークやコミュニケーションの回復に社会が責任を負うという意味である．

　社会の責任でなされる制度が必要な人に届いているのか．事例のように生活保護制度をはじめ，教育，医療等のサービスの対象としての認識がなかったり，制度の情報が理解できないと，申請し利用資格の認定を受けることはできない．ホームレスの場合，制度へのアクセスが不適切な場合があるため，事例においても，申請への同行，補助を必要な支援として行っている．事例2で生活保護を断られたように，憲法第27条の"勤労の義務"を果たさない者に，生存権を保障しないとして，保護する者としない者との線引きがされる．一方で，派遣切りやワーキングプアが起きている．社会保険は，想定される標準リスクを標準的な給付水準でカバーするために，保険料を支払うことが条件で，失業が社会保険からの離脱になる可能性が高い．また雇用保険が切れた後，年金受給年齢までの期間，生活保護との連動が悪い．本来の生活保護の目的は，勤労意欲を失った人を援助することである．失業者は勤労する権利があり，国は雇用の場を創出し生活保護費を提供する義務を負っている．

　就労支援と住宅支援について，厚生労働省（2008）の『ホームレスの自立の支援等に関する基本方針』では，就業機会が確保され，地域社会の中で自立した生活を営めるようになったホームレスに対して，住居への入居支援等に配慮するとしている．しかし，就労支援の後で住宅支援を行うのは，実際に住所が定まらないと仕事が探せないという現実に則していない，事例のように居住支援が緊急に必要な場合がある．居場所が定まらないと福祉関係者からも拒絶され，社会福祉サービスを受ける権利も保障されない．

　事例では相談を受け付けたNPO法人は，様々な関係機関との協力や介入依頼を行い，総合的な支援と地域資源の活用の必要性が示された．地域生活に定着させようとする取り組みは，ホームレスを社会のネットワークに包摂しよう

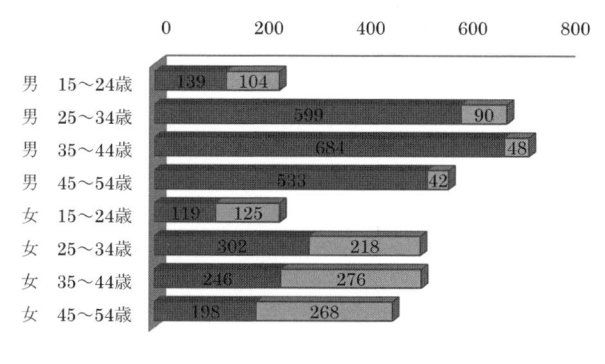

2.2 生活枠組みの変容と新たな生活経営主体の事例

```
                    0      200      400      600      800
男 15〜24歳   139  104
男 25〜34歳              599                    90
男 35〜44歳                 684                  48
男 45〜54歳            533                        42
女 15〜24歳   119  125
女 25〜34歳         302       218
女 35〜44歳       246        276
女 45〜54歳      198       268
```

■ 正規の　　■ 非正規の
職員・…　　職員・
従業員　　　従業員

図 2.3　年齢及び男女別の正規・非正規の雇用者数（万人）
資料：総務省「労働力調査」（詳細集計）平成 21 年 1 月〜3 月期平均
をもとに作成．

とするものである．社会福祉サービスを受ける対象者としての枠を超えた，社会との橋渡し役として事例のような活動の必要性があると考えられる．

若年女性で無業の人たちは，若年男性への支援と分けてとらえられることはなかった．しかし，内閣府男女共同参画会議が 2008 年 11 月から 2009 年 2 月に，女性の貧困実態や原因について，支援団体への聞き取り調査（内閣府男女共同参画会議，2009）を行った結果，女性の相対的貧困率は男性より高く，女性は出産後に仕事の中断が多く，働く女性の半数以上が不安定で低賃金の非正規雇用に就き，生活困難に陥るリスクがある．総務省の労働力調査（2009 年 1 月から 3 月詳細集計）（総務省統計局，2009）においても，非正規職員の男女別総数に占める割合で，図 2.3 のように男性が年齢を経るに従い非正規職員から正規職員になる割合が高くなるのに対して，女性はそうではないことが示される．生活困難から，子どもの教育を十分に受けられない貧困の連鎖が起きる．とくに事例 2 のような母子家庭の母親は，障害があり就業・自立は簡単ではなく，経済的支援が重要である．生活支援等に関しても情報が行き届いていない．情報提供のあり方が問われるとともに，総合的な支援をワンストップサービスで行う人的資源の問題があるのではないか．

c. ハウジング・ファースト・アプローチによる生活経営主体の形成

　ホームレス状態とは，単に住居がないという物理的な問題ではなく"居住"という社会的な側面としての，生活環境や人間関係，エンパワメントに関連した問題である．これまでのホームレスに対して施設での一時的緊急保護的サービスの提供だけでは，そこから漏れる人たちが出ている．彼らにとって社会への帰属の承認は生活経営主体形成への第一歩であるが，その起点となるのは，住居・住所の保障と，市民としての権利，義務の回復である．市民としての帰属の承認には，社会資源の地域への整備がその前提条件である．これからは居住支援と福祉，医療，教育，就業支援などの組み合わせにおいて，住居とサービスが統合された形態，または住居とサービスは移行的な形でなど，包括的な居住支援のあり方を講じる段階に向かっている．

　事例のサポートホーム入居者は，自治会に参加し，ゴミ捨て場の掃除や近隣小中学生の登下校時のパトロールに，地域住民とともに参加する．また，自治会の会議や班会議に職員とともに参加し，地域の課題を一緒に話し合う機会をもつ．このように，ホームレスと地域住民が，地域の問題を共有し，ともに学び，会議に参加し意思を表明することで，価値を回復し対等の立場に立ち，包摂される．ホームレスは，家族との関係が不安定で人的資源が乏しいことも大きく影響する．事例2の母娘のような共依存関係を脱して，生活経営主体となるには，一人で生きていく力を身につけるための支援が必要である．また「貧困の女性化」の視点から，これまで見落とされていた若年女子への支援も必要性が高まっている．さらに増えている外国人ホームレスへの支援においては，異なる文化や習慣，歴史，価値観などを尊重するというアプローチが求められる．

　ほっとポットは活動をハウジング・ファースト・アプローチによる居住支援から総合的な生活支援へと広げている．こうした活動は生活経営主体の形成をめざして行われ社会を変えていく契機となるものである．　　　　〔三沢德枝〕

引用文献

＊事例1，事例2は特定非営利活動法人ほっとポット代表　藤田孝典氏より提供された．
岩田正美，2009，『社会的排除─参加の欠如・不確かな帰属─』，p. 17-18，有斐閣
厚生労働省，2007，『ホームレスの実態に関する全国調査報告書』，p. 18, 52, 55, 63
厚生労働省・国土交通省，2008，『ホームレスの自立の支援等に関する基本方針』

厚生労働省職業安定局，2007，『住居喪失不安定就労者等の実態に関する調査報告書』，p. 4, 25, 41
内閣府男女共同参画会議監視・影響調査専門調査会，2009，『新たな経済社会の潮流の中で生活困難を抱える男女についてとりまとめに向けた論点整理』
総務省統計局，2009，『労働力調査，平成 21 年 1-3 月期詳細集計』

参 考 文 献

福原宏幸編，2007，『シリーズ新しい社会政策の課題と挑戦第一巻，社会的排除／包摂と社会政策』法律文化社
小坂啓史，2005，「社会的排除と包摂についての社会意識的基盤―排除の対象と社会政策意識に関する実証的研究―」，『愛知学院大学コミュニティ政策学部紀要』8，pp. 93-112

3 生活の社会化の進展と生活資源のコントロール

3.1 生活の社会化と生活資源コントロールのありよう

　深刻化,拡大化する社会的排除に対抗した積極的な社会的包摂政策の必要は周知の通りであるが,今日において,生活が多様化している個人個人の生活経営の課題にまで,はたして個人個人がその必要性を認識しているだろうか.
　生活経営の主体になるということの意味を知ることや実感を伴った経験なくしては生活経営主体にはなれない.生活の基礎単位が個人になったことによる個人個人の生活経営主体としての覚悟をどのように培っていくのか.この生活経営主体になるという前提なくしては,生活の社会化と生活資源コントロールは実現不可能である.
　本稿では,前章において展開されている生活経営主体を前提として,ここでは,生活の社会化と生活資源コントロールのありようについて明らかにすることが求められている.生活の社会化とは何か,生活資源とは何か,コントロールとはどういうことか.生活経営学の蓄積をふまえて,基本的な概念規定を中心に論じることとする.

a. 生活の社会化とは何か

　生活の社会化とはどういうことだろうか.
　生活は家庭のみで成り立っているわけではない.生活拠点である家庭を中心として,自分がどのように生活したいのかを実現している.その際に,家庭の構成メンバーが何人なのか,生活基盤となる収入をどのように得るのか,何がどのくらい必要で,その調達のためにはどうすればいいのか.生活とは「生存して活動すること」(『広辞苑』)であるから,活動が活発であればあるほど,

家庭内にとどまらず家庭外へとその諸活動は広がっていく．家庭外とのかかわりが増大することは容易に想定できる．それらは人とのかかわりであり，ものとのかかわりであり，「よりよい生活」を求める家庭外とのかかわりとなる．

家庭内で行われていた家事にかかわる活動が，例えば洗濯機のような家電製品の普及により家庭外から家庭内にもたらされたとき，家事の合理化，効率化が実現する．このようなかかわり方が，商品やサービスの購入の比重が多い場合，生活の外部化，外注化，商品化，サービス化，と表現される．学校教育や給食やごみ処理など行政による代替で家庭外からもたらされると公共化，生活協同組合やNPOなどの自発的組織による代替を共同化，協同化，協働化[1]と呼んだりしている．このように生活経営の拠点である家庭の内部に，家庭の外部から様々な形態でもたらされる諸活動の比重が多くなることを，生活の社会化と総称している．

「よりよい生活」を求めることで広がった生活の社会化の家庭内への浸透が，生活経営主体の生活経営力いかんによっては生活問題を引き起こす原因ともなりうることを自覚する必要がある．3.2.2項の事例は，生活の社会化の影の部分が鮮明である．

しかし，一方で，生活経営力があるならば，生活経営主体自らが生活を社会化する時代へと移行し，「生活の自立を支援する生活環境」として生活経営主体「自らの手で『生活を社会化』する」（伊藤，2009，p. 5）ことができる．3.2.1項の事例は，生活の社会化の光の部分が描かれている．

そしてさらに，今後は，「『生活の社会化』は，すべてのひとびとの生活ニーズにこたえる福祉環境，すなわち生活のユニバーサルデザイン・インクルーシブデザインを創造する方向」（伊藤，p. 6）に向かう．事例3.2.3項はその例といえる．

b. 生活資源とは

資源とは何であろうか．本稿では，よりよい生活の実現をめざして展開される活動に有用な機能をもつ源泉，手段を生活資源ととらえることとする．生活を営むにあたり，すべての役立つものが生活資源ということができる．まず自分自身が生活経営主体として，どんな知識や力をもっているのか，家庭内部にはどんな生活資源があるのか．自分の家族は，自分の生活にとってどんな存在

だろうか．また，家庭の外部にはどんな生活資源があるだろうか．家庭外とのかかわりが広がるとともに，つまり生活の社会化の進展に伴って生活資源も広がりをみせる．

次に，生活資源の種類については，次のようにとらえることとする．

① 人的生活資源：生活経営力，健康，知識，経験や創造力，教育力など自分自身にかかわること
② 人間関係資源：家族，友人，知人，近隣，コミュニティ，ネットワークなど他者との関係にかかわること
③ 個別的生活資源：耐久財，半耐久財，非耐久財，サービスなど
④ 経済的生活資源：収入，資産などの金銭にかかわるもの
⑤ 時間
⑥ 情報
⑦ 社会的資源：制度，施策，自主的組織などの機関・人材，学校，図書館，公園，公民館などの施設など

同じ生活資源をもっていても，同じ生活が成り立っているわけではない．生活経営主体がどんな生活をしたいかにより，また生活資源の利用のしかたにより，その人自身の生活が具現化されていく．

c. 生活の社会化と生活資源コントロールのありよう
(1) 生活の社会化と生活資源の関係

時代の変遷とともに，生活の社会化が進行し，それに合わせて生活資源が量も質も変化していくことを図3.1とともに概観しておきたい．

素材を自ら加工して生活に必要なものをつくってきた農業中心の時代には，人との関係も直接的であり，家族や地域とのかかわりのなかで生活が存在した．自給と地域の互助による生活が主であり，市場による生活の社会化はほとんど進んでおらず，個人的生活資源の比重が大きい．

それが工業中心の時代へと進むにしたがって，外部で生産された商品の購入割合が急速に高まり，それと同時に生活資源も半加工品，加工品の比重が増加してくる．高度経済成長政策，所得倍増政策により，経済的生活資源である所得が増加し，「国民の9割は中流意識」（『国民生活白書』，1967）となり，大衆消費社会へと移行するなかで，商品が家庭内に大量にもたらされることによる

3.1 生活の社会化と生活資源コントロールのありよう

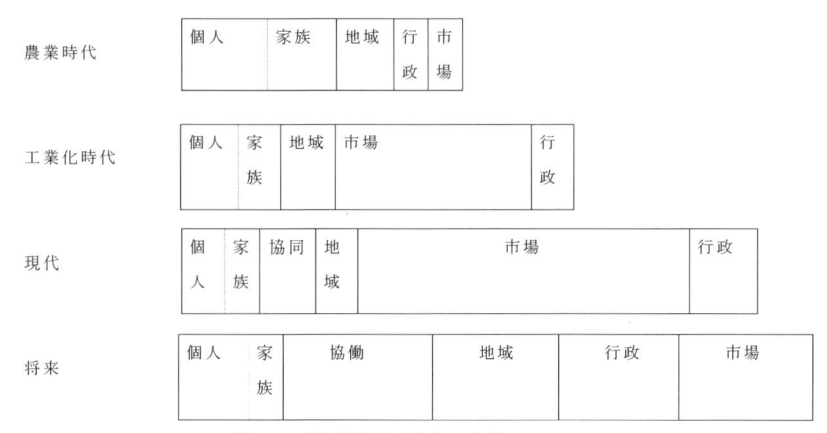

農業時代	個人	家族	地域	行政	市場		

工業化時代	個人	家族	地域	市場	行政	

現代	個人	家族	協同	地域	市場	行政

将来	個人	家族	協働	地域	行政	市場

図 3.1 生活資源の源泉の変遷のイメージ

縦軸は，時間の推移，横軸は，生活資源の量．
吉野正治，1984，『あたらしいゆたかさ』連合出版を参考にして作成．

「生活様式全体としての『画一化』」＝「『生活の社会化』」（岩田，1991，p. 29）が進む．

　その反面，現代では家庭内の私的問題とされてきたことが社会問題化する傾向も強まっていく．社会保険制度の整備や産業構造の変化に伴って家庭の外部から購入するものもサービス化していく．もはや生活の社会化の進行に伴って，「外部の諸資源の有効な利用なしには維持できなくなっている」（宮本みち子，1993，p. 36）状況が進行する．自己責任で市場から生活資源を確保することが強いられ，資源を持つものと持たざるものの格差が拡大していく．地域の機能を行政がかろうじて果たす側面がありながら，新しい公共としての協働の萌芽がみられる．

　ここで問題にされるべきは生活力，とくに生活の技術の有用性である．「人間らしく生きる力としての生活技術」（天野，1989，pp. 79-80）のなかで，「自分が日々生きていくために必要なことを自分ですることができる，ということは，人間の尊厳，プライドを保つ力」であるという．それは「①それをしなければならない理由を誰よりも自分がよく知っているものであり，②日々頻度高く必要となることで，多少下手であっても繰り返しているうちに適当にうまくなるものであり，③それができることで自分の生活スタイルを自分でつくり楽しむことができ，④それができることで他の人と協力したり，

他の人を援助したりする『人との関係』を育むことができ，⑤それらの総体として『自分が自分なりに人間らしく生きている』ことを自己確認できる能力」である．これからは，このような生活が生きづく生活の社会化を求めていくべきである．

　図 3.2 は耐久消費財の普及率を示したものである．図 3.3 は耐久財，半耐久財，非耐久財，サービスの消費の推移を示したものである．これらから，いかに生活資源が量的にも質的にも変化しているかがわかる．

　こうした生活の変化に伴って，求められる生活経営力の質も変化していく．生活の社会化が進行すればするほど，生活経営にかかわる生活資源の内容にかんする関心が高まる．本当に必要としている生活資源なのか，そもそも必要なものがわかっているのか，自分自身がどのように生活したいのかが明確なのか．さらに生活資源を自らつくる方向へ進む．生活の社会化も自らつくる段階へと進む．生活の社会化と生活資源の関係は，生活経営力のありように深くか

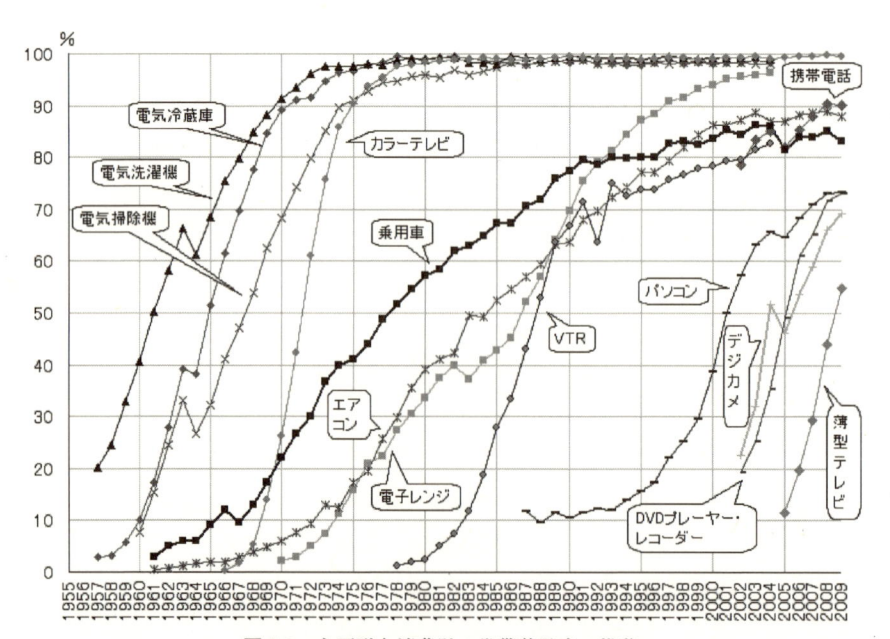

図 3.2　主要耐久消費財の世帯普及率の推移

出典：http://www2.ttcn.ne.jp/honkawa/2280.html
単身世帯以外の一般世帯が対象．1957 年は 9 月調査，58〜77 年は 2 月調査，78 年以降は 3 月調査．05 年より調査品目変更．デジカメは 05 年よりカメラ付き携帯を含まず．薄型テレビはカラーテレビの一部．

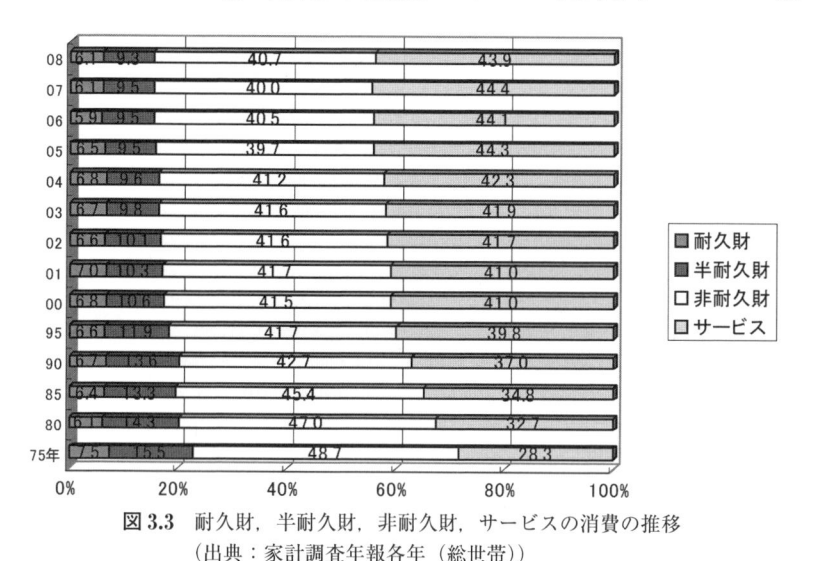

図3.3 耐久財，半耐久財，非耐久財，サービスの消費の推移
（出典：家計調査年報各年（総世帯））

かわるのである．本書が示そうとしている新たな生活経営力は，こうした生活の変化を見越して生活に必要な生活の社会化と生活資源を創造していく力ともいえる．将来は，協働が着実に根づき，生活に必要な生活資源を自らつくる段階となって，地域，行政，市場のバランスの取れた生活の社会化が創造されるであろう．

(2) 生活資源コントロールとは

生活資源コントロールとはどういうことか．

「コントロールの概念にはもともと自らの手で社会をつくりかえる作用も含む豊かな内容を有していた」（宝月，1998, p. 8）．そして「コントロールの主眼は，〈行為や問題状況を特定の望ましいと考えられる方向に導く〉ということにある」（宝月，p. 24）．この考え方にたてば，生活資源コントロールとは，まさに，生活経営主体が自らの手で，生活資源をもって生活の社会化を望ましいと考えられる方向へとつくりかえることを意味する．

3.2.1項ならびに3.2.2項で紹介されているエンパワメントのプロセス（久木田，1998, pp. 29-31）は，生活の社会化と生活資源コントロールのありようを考える際にたいへん示唆に富んでいる．「基本的ニーズ・レベル」「アクセス・レベル」「意識化レベル」「参加レベル」「コントロール・レベル」の5段

基本的ニーズ・レベル	生活資源の調達に精一杯の段階
↓	
アクセス・レベル	アクセスが可能かどうかによる影響を理解して生活経営する段階
↓	
意識化レベル	生活に有用な資源としてどう意識するかが重要な段階
↓	
参加レベル	生活の社会化に参加し，必要な生活資源をつくる営みに参加する段階
↓	
コントロール・レベル	生活の社会化とそこから獲得した生活資源をいつ，どのように，何を選択するのかを自分でコントロールし，他者へも働きかける段階

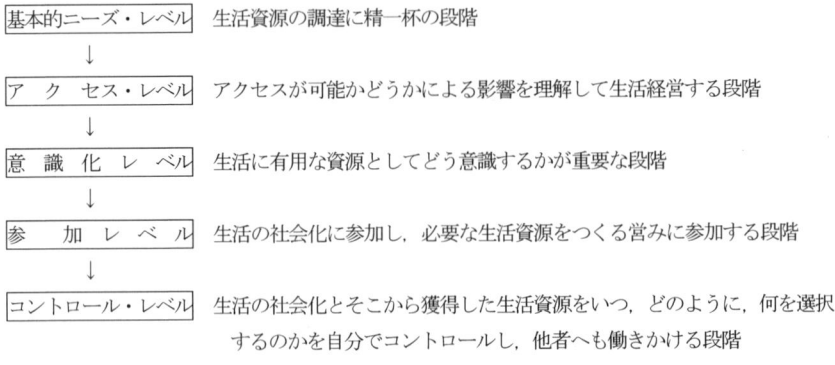

図 3.4 生活の社会化とともに生活資源を獲得し，コントロールするプロセス

階であるが，生活の社会化とともに生活資源を獲得し，コントロールするプロセスと考えることができる（図 3.4）.

「基本的ニーズ・レベル」は生活経営主体が生活を経営するスタートであり，生活に関する基本的なニーズの充足のための生活資源の調達に精一杯の段階である.「アクセス・レベル」では，生活資源へのアクセスが可能かどうかによる影響を理解して生活経営する段階である.「意識化レベル」では，生活資源への認識が必要であり，資源として利用する存在としての「〈資源〉である」に，新たな意味づけ・価値づけをすることによって「〈資源〉にする」,「〈資源〉になる」(『資源化する文化』，p. 67). 資源は「働きかけの対象となる可能性の束」(佐藤仁，2008, p. x) であるから，生活に有用な資源としてどう意識するかが重要な段階となる.「参加レベル」では，意識化された目標に向けて，生活の社会化に参加し，必要な生活資源をつくる営みに参加する段階となる.「コントロール・レベル」では，生活の社会化とそこから獲得した生活資源をいつ，どのように，何を選択するのかを自分でコントロールし，他者へもはたらきかける段階となる．事例 3.2.1, 3.2.2 項もこのプロセスを援用している．こうしたプロセスの進展は，これまで資源をもたなかった人が資源をもつことにより,「資源のない人」と「資源のある人」との関係性が互いに変化「トランスフォーメーション：相互変容」することにより，社会の構造的，質的変化をもたらす．このことは，すでに存在している生活資源をより有用なものに強化し，利用を促進すること，また生活資源のないところに生活資源をつくりだすことにより，生活経営主体の自主性を尊重した新たな生活システム構

築となる．

　現在の状況は，いままでの生活枠組み，社会保障・社会福祉のしくみでは機能しえない「社会的排除」という新しい貧困が喫緊の生活問題となっている．「リスク構造」が「普遍化・特殊化・階層化」（宮本太郎，2005，pp. 4-5）している．「これまで会社や家族が担ってきたある種の自立支援機能というのがはたされなくな」り「福祉国家が想定してこなかった新しい社会的リスク」が出現し，その「1つ1つが限りなく個別で特殊というリスクの個別化」，「リスクに対応していく能力の階層化」が起きている．こうした「社会的排除」に対抗する「社会的包摂」として，生活経営主体自らが生活資源をコントロールするという新たな生活経営力を発揮することが求められている．それは，いかに「当事者ニーズ」を顕在化して具体的な福祉を創造していくのかという生活の社会化の共同化，協同化，協働化，新しい公共化（上野・中西，2008）の課題であり，その担い手としての生活経営主体の生活資源コントロールが鍵を握っていることは間違いない．次項からの具体的な事例でそのことを確認してほしい．

注

1) 共同化，協同化，協働化は，それぞれに次のような意味をもっている．共同は「ごく一般的に何事かを一緒に行うこと（共同作業など）」，協同は「志や目標，達成方法など全体について一致が見られるときともに行動する（協同組合など）」，協働はたとえ志や目標達成のための方法論や考え方が多少違っても，「異種・異質の組織同士が共通の社会的な目的を果たすために，それぞれのリソース（資源や特性）を持ち寄り，対等の立場で協力して共に働くこと」（『ボランティア・NPO用語事典』中央法規出版，2004）．　　　　　　　　　　〔赤塚朋子〕

引 用 文 献

天野寛子，1989，「家事労働・家事様式と生活技術・生活文化」日本家政学会編『家庭生活の経営と管理』朝倉書店
宝月　誠，1998，『社会生活のコントロール』恒星社厚生閣
伊藤セツ，2009，「生活経営学視点が「生活の社会化」の新たな地平を拓く」，『生活経営学研究』，No. 44
岩田正美，1991，『消費社会の家族と生活問題』培風館
久木田純，1998，「エンパワーメントとは何か」，『現代のエスプリ』，No. 376

宮本みち子，1993，「21世紀の家庭像―成熟社会における家庭の構造と機能―」，『家庭経営学研究』，No. 27
宮本太郎，2005，「社会的包摂の政治学―ワークフェアと対抗構想―」，『福祉社会研究』，第6号
森山　工，2007，「文化資源使用法」山下晋司編『資源人類学02　資源化する文化』弘文堂
社会福祉法人　大阪ボランティア協会編，2004，『ボランティア・NPO用語事典』中央法規出版
佐藤　仁編，2008，『未来を拓く人文・社会科学シリーズ8　資源を見る眼』東信堂
佐藤健二，2007，「文化資源学の構想と課題」山下晋司編『資源人類学02　資源化する文化』弘文堂
上野千鶴子・中西正司編，2008，『ニーズ中心の福祉社会へ』，『当事者主権の次世代福祉戦略』，医学書院，ここでは新しい公共化を「協セクター」と称している．

参考文献

長嶋俊介編著，2003，『生活の経営と福祉』朝倉書店

コラム

資源と資本

　資本は，私有という言葉に象徴されるように，権力や富，機会，進歩・前進・発展・成長が優先され，「もつもの」に優位な格差や不平等を構造的に再生産するものである．

　これに対し，資源は，もともと共有を是としていて，私たちの歴史が示すように，はたらきかけて有用なものに変化する可能性をもつ対象物として存在し続けている．

　これと関連して社会関係資本について触れておきたい．ソーシャル・キャピタルという言葉が注目されている．これは「信頼」，「規範」，「つながり」という社会関係資本を意味し，組織や集団のあり方に寄与する考え方である．しかし，資本の域を出ない．

　本稿では，資源に着目し，生活資源という言葉で再定義を試みている．「もたざるもの」のいない持続可能な社会の構築に向けて，生活資源の開発は今後の重要課題である．

〔赤塚朋子〕

（参考：山下晋司編，2007，『資源人類学02　資源化する文化』弘文堂）

3.2 生活の社会化と生活資源コントロールの事例

▷ 3.2.1 市民活動家のライフヒストリーにみる生活の社会化と生活資源の構築

本節では，市民活動家Wのライフヒストリーの分析を通じて，生活の連帯や共同をもたらす生活の社会化と生活資源の構築が具体的にどのように行われているのかを明らかにしたい．

対象者であるWは，高齢にもかかわらず，介護保険事業や夕食宅配事業などを行うNPO法人「Kの家」の理事長として地域福祉活動に専心している女性である．彼女は1934（昭和9）年に関西の都市部に生まれ，学童期に第二次世界大戦を体験，戦後は新制中学校の第1期生として民主主義を学び，高校卒業後は働きながら大学に進学し，そこで労働組合運動や学生運動に取り組むなど戦後民主主義の理念の実現を目指して活動を続けた．結婚，出産後も働き続けたが，1966（昭和41）年に夫の転勤先である関東のK市に移住，その後は主婦として40年以上にわたり地域活動に従事している．

なお，Wに対する聞き取り調査は2003年3月，2004年1月・9月，2009年7月に計13時間実施し，分析には「Kの家」の関連資料（渡辺，1997・2002・2005）も使用する．

a. Wの経歴とエンパワメントプロセス

表3.1はWの主な経歴を示したものである．Wの歩みは久木田純（1998）が示した女性のエンパワメントのプロセスに沿ったものである．彼女は少女時代に母親や青年教師の影響を受け，権利やより高い価値があることに気づく「意識化レベル」に到達し，大学進学・就職後は学生運動や組合活動など社会的な活動に積極的に参加する「参加レベル」に，団地転居後は外部の人々に働きかけて自ら地域活動をつくりだしていく「コントロール・レベル」に移行したと考えられる．以下では，Wの歩みをこの3期に分けて検討したい．

表 3.1 Wの経歴

年	期	内容	関連事項
1934（昭和9）年	意識化レベル	誕生（父は洋服店勤務，母は専業主婦）	正義感の強い母
1947（昭和22）年		中学校に入学．青年教師たちと出会う 生徒の議会をつくる 新聞発行	新制中学校の1期生・『蟹工船』を勧められる
1950（昭和25）年		高校進学	担任の女性教師の説得
1953（昭和28）年	参加レベル	大学文学部入学．T社就職（翌年退社）	
1956（昭和31）年		K社（鉄道関係）就職 学生運動の中で夫と出会う	自治会の女子学生の会会長・要求実現のための活動
1957（昭和32）年		K社の組合の書記となる	組織づくりの基本を学ぶ
1958（昭和33）年		大学卒業．卒業式の5日目に結婚式	
1959（昭和34）年		第一子誕生	職場ではじめて産休を取る
1963（昭和38）年		夫単身赴任	
1966（昭和41）年		2月：第二子誕生 12月：関東の公団分譲住宅に転居 主婦業の傍らで地域活動を開始	育児が困難になる 育児のため専業主婦になる 地域は生活資源が未整備
1967（昭和42）年～		主婦仲間と住民のニーズに基づく活動を行う（幼稚園・小学校・保育所・学童保育所・文化教室など）	保育に関するアンケート・要望書作成・関係者との交渉
1978（昭和53）年		婦人団体の事務局長（10年間）	女性のネットワークを広げる
1982（昭和57）年		ボランティアセンターの非常勤職員 ホームヘルパー養成講座にかかわる	介護問題に取り組む
1985（昭和60）年	コントロール・レベル	「国連第3回世界女性会議」に参加	
1988（昭和63）年		夫死去．婦人団体の事務局長やボランティアセンター非常勤職員を辞職	地域福祉問題に取り組むことを決意
1989（平成元）年		T高齢者福祉研究会を組織．6月：ヨーロッパ研修旅行に参加 10月：団地の集会所で「Kの会」設立	高齢者のニーズ（孤独を防ぐ地域の居場所づくり）
1990（平成2）年		4月：K市高齢者社会福祉総合センターの電話相談員 5月：「Kの家」開設	週1回自主運営ミニ・デイサービス 夕食宅配事業
1995（平成7）年		「Kの家」ミニ・デイサービスK市補助事業施設となる 「国連第4回世界女性会議」に参加	助成金800万円 週3回の活動 ホームヘルパー養成講座修了生の支援
1999（平成11）年		「Kの家」デイサービスD型委託事業となる 10月：NPO法人設立	98年頃 年間192日開設 利用者年間のべ1500名以上
2002（平成14）年		地域福祉計画案の作成に参画	
2003（平成15）年		「ふれあいセンター」開設 「地域大学」開講	空き店舗活用 生涯学習の場
2009（平成21）年		「Kの家」は介護保険事業，法人独自事業など8事業を展開	スタッフ65名 多くが地域住民40～60代の主婦

聞き取り調査より作成．

b. 意識化レベル―正義感の強い母と青年教師たちとの出会い―

Wは1934（昭和9）年に関西で洋服店を営む夫婦の5人姉妹の第1子として生まれた．母親は高等女学校卒業後，祖母の勧めで結婚したものの，後年まで進路を自分で決められなかったことを悔いていたという．このため娘には自分の選んだ道を進むよう教育し支援した．母親は正義感が強く，人権問題や新憲法に関心を寄せており，W氏は彼女から強い影響を受けたと述べている．

1947（昭和22）年に新制中学校の第1期生として入学．ここで小林多喜二の『蟹工船』を勧める青年教師たちと出会い，大きな影響を受け，学びを実践するため彼女は自ら発案して生徒の議会をつくるとともに新聞部に所属し新聞を発行したという．また，担任の女性教師は，成績の良いWが経済的事情から定時制高校を希望していると知り，全日制高校に進学させるよう両親を説得した．同級生の高校進学率が2割に満たないなかで，彼女は1950（昭和25）年に高校に進学し勉学に励む．Wが民主主義の価値観を内面化していく背景として，こうした教師たちの支援を指摘することができよう．

c. 参加レベル―組織づくりの基本を学ぶ―

1953（昭和28）年にO大学に進学．経済的事情から1956（昭和31）年に鉄道関係の会社に就職し働きながら勉学を続けた．翌年，組合の書記に配転になり，ここで要望書や機関紙の作成，組織づくりなど組合運動の基本を学んだという．また，O大では，当時学生運動が盛んで自治会役員になり，女子学生の会の会長として女子専用の更衣室やトイレの要求運動を行うなど要求（ニーズ）実現のための活動を経験した．こうした運動のなかで生涯のパートナーと出会う．

2人は1958（昭和33）年に大学の卒業と同時に結婚，翌年に第1子が誕生した．Wは労働組合の仲間に支えられて職場ではじめて産休を取り働き続けたが，夜が遅く，保育所の迎えや帰宅までの子どもの世話は近隣の人々や実母の援助を受けて仕事を続けたという．しかし，1963（昭和38）年に夫が東京に単身赴任し，3年後に第2子が生まれ，やむなく退職して上京することを決意した．

d. コントロール・レベル1 ―地域で子育てを支える生活資源の構築―

1966（昭和41）年12月に関東の分譲団地に転居．住まいは日本住宅公団（1955年発足，現独立行政法人都市再生機構）によって開発された郊外団地であり，生活に必要な施設などの生活資源がほとんど未整備の状況であった．

学生運動や組合運動を通じて，要求をまとめ，組織をつくり，実践するという方法を身につけていたWは，直ちに生活資源を構築するための活動を開始する．運動を始めるにあたり重要なことは関係づくりである．まずは自宅を開放し，幼児教育雑誌の読書会，調理教室などを主宰しながら，主婦仲間との関係を築いた．

専業主婦の経験がない彼女にとって，団地の専業主婦のもつ高度な家事技能や社会規範と文化的教養を重視する子育て観を知ったことは新鮮な驚きであったという．それと同時に，多くの主婦に社会的な視点が欠けていることに気づき，主婦の問題を社会的に解決していく活動を開始したのである．

彼女は主婦仲間4人とともに，まずは自分たちが活動するために不可欠な施設である保育所をつくるため，保育所に関するアンケートを作成して全戸配布した．その結果，団地住民の多くが30代で夫は大企業の中間管理職，夫婦とも高学歴であり，教育熱心で消費者運動にも関心が高いことが判明した．また，生活資源についての住民のニーズは，幼稚園，小学校，病院，商店の誘致であり，この他，お絵かき教室やピアノ教室など子どもの文化的教養に対する学習要求も高かった．Wらはより多くの主婦仲間（小学校のPTA活動のメンバー）を誘い，メンバーを中心として小グループをつくりニーズを具体化した．Wは組合運動で得た知識と技能を生かし要望書やビラを作成し，行政や関係者との交渉にあたった．これらのニーズは次々と実現され，団地内に，幼稚園，小学校，保育所，学童保育所が開設され，団地の集会所を使用した文化教室（ダンス，お絵かき，珠算，書道など）が開かれたのである．

主婦仲間を中心とした住民運動はさらに広がる．バスの停留所の整備要求，地域の盆踊りの実施，夏の子ども向け野外映画大会，給食にベークライトの食器を使わせない運動，赤いウインナー追放運動，牛乳・灯油の不当値上げ反対運動などである．とくに1968（昭和43）年頃の牛乳の不当値上げ反対運動では，牛乳を共同購入し主婦仲間が団地内を配達する仕組み（牛乳消費者の会）をつくり，値下げの実現と専業主婦の仕事づくりを実現し約10年間続いたと

いう．しかし，団地内にスーパーが進出したことと団地住民の年齢層が上がりライフスタイルが変化して牛乳の宅配ニーズが減少したため 1978（昭和 53）年頃には解消された．このように，W らの生活資源の構築は，住民のニーズをもとに行われ，住民のライフスタイルに合わせて変化していったのである．

W がかかわった運動は多岐にわたるが，身近なことから始め確実に成功させてきたところに特徴がある．彼女は成功体験を重ねることによって，住民のネットワークが放射線状に発展することを実感したという．住民運動が盛り上がった背景として，革新市政や革新県政を背景にした政治や行政の後押しがあったと W は指摘する．地元の K 市革新市政は 22 年間続いたが，「1 万人に 1 ヶ所の保育所を」が公約のひとつであり，革新市政によって保育運動は飛躍的に進み革新市政のもとで住民意識は確実に育っていったという．

政治学者の原武史も 1970 年代の団地住民の政治意識について「東京や大阪では，団地以外の住民よりも団地住民のほうが，もともと革新政党を支持する割合が高かった．この傾向は，七〇年代も続いている」と指摘しており，W らの運動には住民の政治意識が反映していたとみてよいだろう（原，2007）．

e． コントロール・レベル 2 ―地域で高齢者を支える「K の家」の活動―

大規模団地は多くの住民が一斉に同じ生活課題に直面するという特色をもつ．子育てが一段落した 1980 年代に入ると親の介護の問題が住民のニーズとなり，さらに，ひとり暮らしの高齢者が増加するなど地域で高齢者を支える仕組みづくりが課題となった．

ところで，当時の W は，女性運動家河崎なつ（1889～1966 年）の主治医であった I が会長を務める K 母親連絡会の事務局長を 1978（昭和 53 年）から 10 年間務めた．この間，ナイロビ（1985 年）の世界女性会議に出席するなど女性のネットワークを広げるとともに，I が所長を務める K ボランティアセンター（1982 年設立）に非常勤職員として勤務した．このことは W が介護問題に取り組む契機となった．K ボランティアセンターでは，老後に関するアンケートを実施して実態を分析，その結果をもとに，I の尽力で当時はまだ制度化されていなかったホームヘルパー研修講座を全国に先駆けて開始した．

ところが，1988（昭和 63）年に尊敬していた I と夫が相次いで死去，これを契機に W は地域福祉の問題に取り組むことを決意し，翌年に主婦仲間数人

と社会福祉の勉強会（「T高齢者福祉研究会」）を始めたのである．そして，同年10月に団地の集会所で「Kの会」を設立した．仲間を集め勉強し実践に移すという運動の手法は，20年以上にわたり続けてきた方法であった．

当初は，「一番怖いのは孤独です．近くで気楽にお茶を飲んだり，お話しができるところがあればどんなに良いか」という高齢者のニーズに応える形で，週1回午前中に10人程度の高齢者が集まり，主婦のボランティアと過ごす会であった．利用者から「もっとゆっくりしたい」，「食事もできないか」という要望があり，協力者（事業の出資者）を募り，団地内に家を借りて翌年から，週1回自主運営のミニ・デイサービス「Kの家」を運営する．また，住民からの要望に応えるため週1回の夕食の宅配事業（10食程度）も開始した．

地道な活動が認められ，1993（平成5）年にはK市のミニ・デイサービス補助事業施設として年間約800万円の補助金を得て，週3回の活動が可能になった．1996（平成8）年には近くに週1回の地域ミニデイケア活動を行う「MKの家」も開設し徐々に規模を拡大した．1998（平成10）年頃には年間192日間開設し，利用者数は年間のべ1500名を超えるまで発展した．

こうした「Kの家」の運営には主婦仲間の支援があったが，前述のホームヘルパー養成講座の修了生の支援も大きかったという．Wはこの講座の講師を5年間務め約400人が講義を受講した．「Kの家」のスタッフやボランティアの多くは講座受講者であり，「Kの家」はWのネットワークを中心とした人々のつながりをもとに運営されている．

1999（平成11）年には，Wが自宅1階部分約100 m^{2}を提供して同年6月に国のデイサービスD型委託事業施設となり，10月にはNPO法人となった．翌2000（平成12）年の介護保険制度の開始により，介護保険3事業（デイサービスセンター・ケアプランセンター・ホームヘルプサービス）とK市の委託事業ふれあい型デイサービス事業である「AKの家」を開設している．

さらに，2002（平成14）年から地域福祉計画作りに参画し，地域福祉計画案の作成や提言をまとめ，住民の要望に応えて空き店舗を利用した「ふれあいセンター」（2003年）の開設に尽力した．2003（平成15）年からは生涯学習および社会教育活動の場として月1回「地域大学」を開講するなど，その活動は地域の人々を緩やかにつなぐネットワークとして拡大している（図3.5参照）．

2009（平成21）年現在，「Kの家」はこれら8事業（介護保険3事業，「AK

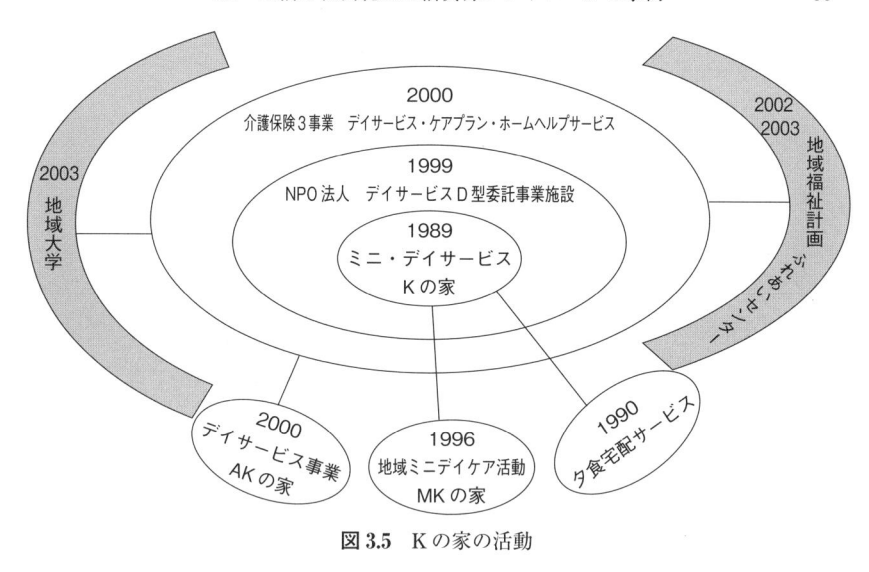

3.2 生活の社会化と生活資源コントロールの事例　　　65

図3.5 Kの家の活動

の家」,「MKの家」, 夕食宅配サービス事業, ふれあいセンター, 地域大学）を展開, 年間予算は9000万円に上り,「Kの家」は地域福祉における不可欠な生活資源となっている. 現在65人（うち常勤13人）のスタッフで運営されているが, そのほとんどは40代から60代の主婦であり地域住民である. Wの働きかけによって, 地域の女性がエンパワーされ, こうした社会的視点をもった主婦によって高齢者の孤立を防ぐセーフティネットとしての「Kの家」＝生活資源が構築されているのである.

f. おわりに

Wは, 正義感の強い母親や青年教師たちの影響を受け, 戦後民主主義の価値観を内面化し日本国憲法に示された人権条項に強い影響を受ける（渡辺, 2007）など「意識化レベル」段階に到達し, 次の「参加レベル」段階では組合運動や学生運動を通じて組織づくりの基本を学び, ニーズを実現するための知識やスキルを獲得した. こうして獲得された価値観・知識・スキルは, その後の「コントロール・レベル」段階における住民運動に結実してゆく.

Wは団地の主婦仲間との交流を通じて, 彼女たちの家事技能に示される高い潜在能力と教育要求を理解するとともに, 多くの専業主婦に社会的視点が欠けていることに気づく. そこで, 図3.6に示した勉強会とアンケート調査とい

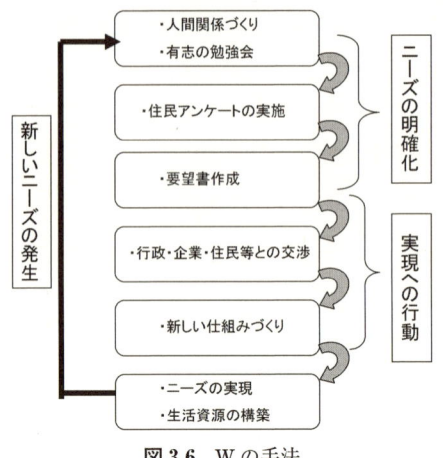

```
                ┌─ ・人間関係づくり  ─┐
         ┌─────→│  ・有志の勉強会    │ │
         │      └────────────────────┘ │ ニーズの
         │      ┌────────────────────┐ │ 明確化
         │      │ ・住民アンケートの実施 │ │
  新     │      └────────────────────┘ │
  し     │      ┌────────────────────┐ │
  い     │      │ ・要望書作成        │─┘
  ニ     │      └────────────────────┘
  ー     │      ┌────────────────────┐ ┐
  ズ     │      │ ・行政・企業・住民等との交渉 │ │
  の     │      └────────────────────┘ │ 実現への
  発     │      ┌────────────────────┐ │ 行動
  生     │      │ ・新しい仕組みづくり  │ │
         │      └────────────────────┘ │
         │      ┌─ ・ニーズの実現 ─┐   │
         └──────│  ・生活資源の構築 │──┘
                └──────────────────┘
```

図3.6 Wの手法

う手法によって彼女たちのニーズを明確化し，要求書を作成し行政など関係機関や関係者と交渉して新しい仕組みをつくりながら，ニーズを実現するというプロセスを経てきた．また，人々のニーズは時間とともに変化する．とりわけ，同世代が暮らす大規模団地の場合，子育て期が過ぎると，一斉に高齢者問題への対応が住民のニーズとなった．こうしたニーズの変化に対応してつくられたのが「Kの家」の活動である．このように，住民のライフスタイルの変化とそれに伴うニーズの変化に対応しつつ，団地の生活に不可欠な生活資源を構築し，生活の連携や共同をもたらす生活の社会化を実現したのである．

こうしたWの事例は，生活の社会化によって促される生活主体の形成と生活の共同そして生活の社会化が新たな環境を醸成し，新しい生活様式を創造し，生活を変革するという生活経営学が注目するプロセスを経ている（工藤・堀越，2009）．

私たちがWの事例から学ぶべき点は，第1に，青少年期における民主主義的価値観の獲得と社会参加の経験および知識やスキルの獲得をいかに保障していくか，の点である．これらはエンパワメントの「意識化レベル」と「参加レベル」の課題である．Wの場合，戦後民主主義の教育や組合運動がそれを保障したが，現在の青少年には新しい教育方法すなわちジェンダー平等教育やシティズンシップ教育，ボランティア学習などを推進していく必要があろう．

第2に，地域社会の生活資源の構築と共同化を推し進める担い手として，活動のなかでリーダーとなる主婦層を育て，さらにその周辺の住民を巻き込む運

動を展開している点である．「Kの家」では高齢者介護の活動を核としつつ，地域福祉計画案の作成と提言や「地域大学」の開講などでは老若男女を問わず多くの地域住民に開かれた活動を実践している．生活資源の構築と共同化はその担い手を育て広げる活動を継続していかなければ，持続的な発展はありえない．Wの事例は，生活の社会化における生活経営主体の形成と生活資源の構築そして共同化のプロセスに不可欠な要素を私たちに示すものであるといえよう．

〔井上えり子〕

文　献

原　武史，2007，『滝山コミューン一九七八』pp.16-17，講談社
工藤由貴子・堀越栄子，2009，「混迷する暮らしと生活経営の新しい戦略―「生活の社会化」を問い直す―」，『生活経営学研究』，No.44, 22
久木田純，1998，「エンパワーメントとは何か」，『現代のエスプリ』，No.376, 29-31
渡辺ひろみ，1997，『主婦たちがつくったミニ・デイサービス』自治体研究社
渡辺ひろみ，2002，「日本のNPO介護組織の課題―「コスモスの家」を最高の職場に―」，『女性労働研究』，42号，59-67
渡辺ひろみ編著・山本敏貢監修，2005，『デイ・サービスからまちづくりへ―主婦たちがつくったNPO「コスモスの家」―』自治体研究社

▷ 3.2.2　多重債務者のエンパワメント
―生活資源のコントロールを取り戻す―

a.　はじめに―金銭の商品化の進展―

金融庁は，2006年末に，高金利の消費者金融利用者が全国で1400万人を超え，借り入れ5件以上のいわゆる多重債務者も約230万人であること，経済問題による自殺者も7800人となっていることを発表した（金融庁，2006）．先進国として世界的にもトップレベルの豊かさを誇る日本であるが，少なくとも国民の8.5人に一人が，通称サラ金と呼ばれる高金利の消費者ローンを利用していることは，生活経営学としても看過できない状態である．

本来，勤労者世帯に入ってくる金銭資源は，給料であり商品ではない．しかし，給料が生活費として不十分であるときには，それを補うために，商品としての消費者ローンが入ってくる．3.1節で述べたように，商品化，共同化，公共化として何らかの生活資源が家庭外から調達され，その比重が大きくなる現象を，生活の社会化ととらえると，消費者ローンで生活をまかなうことは，金

銭そのものが商品となって家庭に入り，それがさらに衣食住等の他の商品に形態を変えて生活全般に拡散していくプロセスである．しかも，それは「多重」と表現されるように，最初は1社からの借入であるが，その高金利のためにその依存度はますます増大し，金銭資源の不足だけでなく，心身の健康や人間関係といった生活資源をも浸食し破壊していく．

本節では「沖縄クレジット・サラ金被害をなくす会」に相談に訪れた多重債務者を対象としたA, Bの2つの調査[1]で，多重債務者が生活資源のコントロールを取り戻すには，自助だけでなく，共助や公助による支援が必須であることを指摘したい．したがってそこで求められる生活経営力には，自助はもちろんのこと，自助で限界のある場合には共助や公助に助けを求める能力も必要とされる．2つの調査結果の一部についてはすでに発表済みであるが，本節では，生活資源のコントロールに焦点をあてて再検討することとする．

b. 金銭資源の不足

集団としての家族は，愛情を基盤とした相互扶助組織であり，生活資源の不足は，家族全員で協力して補いあうという特徴がある．本人が無職でも低収入でもどうにか生きていけるのは，家族の助け合える人間関係そのものが，重要な生活資源となっているからである．本人の収入だけでなく他の家族員の収入も含めて，どれだけが生活費として残るかをみてみた．表3.2は，調査Aにおける家族人数別の収入，債務，生活費の状況である．ここで家族の収入から月返済額を引くと，ほとんどが生活できる状態ではない．多重債務者は，借金の返済と不足した生活費のために，新たな借金を繰り返す．借金を返済しているにもかかわらず，その高い利子のために，借金はますます膨らむ．

表3.2 家族人数別収入と債務，生活費の状況

項　目	単身 (N=7)	2人 (N=15)	3人 (N=16)	4人 (N=19)	5人以上 (N=18)
本人月収	135,714	77,142	100,000	111,111	131,588
家族月収	135,714	142,000	240,000	275,277	240,937
平均件数	8.1	4.5	8.0	7.3	7.3
平均負債総額	2,977,023	4,957,571	3,404,921	4,464,117	6,434,375
平均月返済額	163,000	93,769	135,114	139,000	127,184
平均生活費	－27,286	48,231	104,886	136,277	113,753

c. 労働力としての人的資源が不安定

　多重債務者の金銭資源の不足や不安定は，その前の雇用の不安定から連続している．調査Aの対象者の職業は，会社員42.9％，自営業9.5％，パート・アルバイト19.0％，無職21.4％，その他7.2％であり，無職やパート・アルバイトの合計が約4割となっている．しかし，ここで職業が会社員となっていても，それが継続して雇用されている職業ではなく，たまたま調査をした時点の職業である可能性が高い．それは，表3.3にみられる複数の職業歴である．これまでの職業歴を4回以内でかいてもらったところ，転職3回が男性68.6％，女性48.7％，4回の転職をしているのが男性42.8％，女性30.8％となっていた．終身雇用のような，安定したひとつの仕事ではなく，失業と様々な仕事を繰り返している．労働力としての人的生活資源の不安定さが，給料としての金銭資源の不安定に直結している．

d. 親世代からの貧困の連鎖―生まれた家族からの影響―

　労働力としての人的資源は，生まれた家族で，教育サービスを消費できるかどうかに大きく影響を受ける．一人の人間が経験する家族として，生まれた家族である定位家族（family of orientation）と結婚して子を産み育てる結婚家族（family of marriage）あるいは生殖家族（family of procreation）（増子，2000）

表3.3　これまでの職業歴

職業（男性）N=35	1回	2回	3回	4回	職業（女性）N=39	1回	2回	3回	4回
会社員	12	13	13	6	会社員	15	7		5
自営業	4	2	5	2	自営業	3	4	1	3
スナック		1			スナック	4	2	2	
パート・アルバイト	7	4	2	1	パート・アルバイト	3	8	14	4
建設系	2		2	2	保険外交員	1		1	
タクシー	1				派遣社員	2			
派遣社員	1	1	1	2	調理師			1	
調理師	2	2	1	1	介護士			1	
介護士	1				看護師	2	1		
看護師	1				公務員		1		
その他	2	3		1	その他	2	3		
計	33	26	24	15	計	32	27	19	12

がある．人生の最初の生活資源は，生まれた家族から提供されるが，それは日々の衣食住や教育サービスといった物的生活資源だけでなく，思考のための知的刺激や言語，生活習慣，価値観も含め，その人間自身である人的資源そのものの形成に寄与している．生まれた家族は，子どもにとっては選択の余地のない家族であり，すでに社会的にも経済的にも位置づけされた家族である．したがって，生活資源は，生まれた家族からの影響を，生涯をとおして引き継いでいる．しかし，親の貧困で，子どもがその環境を一生変えられないということがあってはならない．生まれた家族から引き継いだ生活資源の限界を超えることができなければ，貧困は連鎖する．調査A対象者のうち，本人（n=73）の学歴は，4年制大学の卒業は1人1.4%，高卒61.6%，中卒15.1%，専門学校・短大21.9%となっている．親世代の教育は，父親（n=45）が中卒53.3%，高卒26.7%，大卒13.3%，専門学校・短大6.7%，母親（n=53）が中卒54.7%，高卒35.9%，専門学校・短大9.4%であった．親世代は両親とも主とした学歴が中卒であり，職業選択の幅が狭かったことが推測される．

人的生活資源は，物的生活資源の消費を通して形成されるので，教育へのアクセス不全は，労働力が売れない状況に直結し，このことがさらに次の金銭資源の獲得を困難にするという悪循環に陥っている．一般に，生活費を工面したり，教育を受けたりすることは，家族の自己努力とされているが，生まれた家族の影響で，教育がうけられないこと，その影響で不安定な仕事しか選べないことは，自己努力の範囲を超えている．失業も複数回経験し，常に生活費に汲々として，利息制限法以上の違法な金利であるにもかかわらず，そこしか貸してもらえないので高利のサラ金を利用する．それは短期的には，一時しのぎの生活費を与えてくれるが，長期的にはその高金利のために貧しい者はさらに貧しくなる．多重債務者の生活困難は，すべて一塊となった普通の人の普通の暮らしからの排除である．

e. 社会保険等の生活支援資源へアクセスができない多重債務者

労働力を得ることができない状態，つまり高齢による労働力の枯渇，病気，身体的精神的な障害，失業は，誰にでも発生する生活リスクであり，力尽きて落ちても救いあげるネットが張られることは，社会全体の安心感につながる．しかし多重債務者は，雇用保険のつかない非正規雇用が多く，失業しても雇用

保険はない．調査Aでは，自分で国民年金を支払わなければならない者（n＝45）のうち支払っている者は20.0％，同様に健康保険（n＝41）を支払っている者は78.0％であった．表3.2で示した生活費をみれば，そこから家賃や光熱費を支払い，さらに年金を払える状態ではないことは明らかである．つまり，社会的事故に対応した社会保険制度を公助の第一のセーフティネットとしても，保険料を払えないという点で，本来それを必要とする貧しい者には機能していない．国民皆保険制度といいながら，そのネットの網目は大きく開いており，それを払えない者は，網目から転がり落ちてしまう．

　生きることのできない国民が存在してはならないので，生活保護は，第一のセーフティネットから落ちたときに受け止める第二の最後のネットである．しかし，昨今問題になっているのは，生活保護を受けさせないための，水際作戦と称したあらゆる方策である．本来，生活保護を受けるべき状態の者が生活保護を受けている割合である捕捉率について唐鎌は，「依然として20％以下に止まっている．漏救率80％という公的扶助は，EU圏の先進工業国ではあり得ない．2003年現在，イギリスの公的扶助の受給者率は全人口の20.1％に達し，捕捉率は87％程度となっている．」（唐鎌，2007）と述べる．このような状態は，水島がイギリスでは「生活保護の申請用紙が郵便局にあり，日本と比べると気軽に申請できる」（水島，2008）という環境と無縁ではないだろう．捕捉率が20％であるなら，生活権の確保のために生活保護費の予算は，5倍に増やさなければならない．しかし，現実には第二のネットにも大きな穴が開いているから，生活保護を受けられないために「おにぎりが食べたい」といって孤独に餓死する者もでる．これらの現状は，様々な生活リスクに対応した生活資源として作用すべき社会保障が，機能不全に陥っていることを示している．

f.　エンパワメント―生活資源獲得のプロセス―

　本節で取り上げる多重債務者は，金銭面だけではない多くの生活困難を抱えている人々であり，経済的にも社会的にも恵まれない地位にある社会的弱者であるが，多重債務者自身がそのことに気付いていない．その重層した生活困難は，これまで述べたように教育や雇用といった生活資源へアクセスできず，自由なコントロールができない状態から発生している．そのコントロールを取り戻すには，自助努力だけでは不十分で，共助，公助も含めた社会システム全体

のなかで考える必要がある．多重債務者が自らの生活をコントロールする力を獲得していくプロセスは，社会的弱者が自らの問題を自覚し，問題解決のための資源にアクセスし，連帯し，発言し，構造的な社会変革をおこすエンパワメントのプロセスとしてとらえることができる．エンパワメント（empowerment）とは久木田によると「社会的に差別や搾取を受けたり，自らコントロールしていく力を奪われた人が，そのコントロールを取り戻すプロセス」（久木田，1998）であり，社会的弱者が経済的，社会的，政治的な力（power）をつけることにとどまらず，その個人的な変革が，構造的に社会変革に連動していく個人と社会の相互変革のプロセスである．

　エンパワメントのプロセスは，生きていくのに必要な生活資源をコントロールしていくプロセスでもあるが，多重債務者の生活経営力が，一般家庭の生活経営力と異なるその特徴は，そのコントロールを取り戻すのに，自助だけでは不十分なことである．表3.2でも示されたように，生活費はその額が一番大きい4人家族でも136,277円，その次の5人家族の生活費は113,753円であり，そこから家賃や光熱費を除くと，やりくりで生活再建できる状態ではない．ましてやその4割が無職やパート・アルバイトであり，さらに表3.3で示されたように失業と不安定雇用を繰り返し，収入がいつ途絶えるかわからない状態である．多重債務が問題になった初期の頃には，家計のやりくりがへたで多重債務に陥ったと考えられる時代もあったが，現在ではその根底にあるのは，やりくり以前の貧困であることが多くの研究で明らかになっている．多重債務者のエンパワメントには，まず借金を整理する必要があり，そのためには，専門家のアドバイスが外からの生活資源として必須となる．さらに生活再建には，雇用支援や生活扶助，福祉等の支援も不可欠な生活資源である．沖縄クレジット・サラ金被害をなくす会の相談者が，自助だけでなく，共助，公助も利用して，その生活資源へのコントロールを取り戻していくプロセスを図3.7に示した．

　多重債務の整理は専門家の助けを借りなければ解決できない複雑さをもっていることから，相談機関へアクセスすることがエンパワメントの第一歩となる．「意識化レベル」では，専門家の意見を聞くことによって，今自分の置かれている状況を客観視することができる．また，なくす会の勉強会は，自分の借金と違法に支払ってきた利息制限法以上の利息を実際に計算することから始まる．これが「参加レベル」である．この計算をする過程は，多くの人の顔が

Ⅰ　アクセスレベル→相談機関へのアクセス
　　　行政相談所，民間支援団体，専門家集団

Ⅱ　意識化レベル→置かれている状況の客観的，構造的把握
　　　① 利息制限法以上の利息が無効
　　　② 利息制限法以上の利息を元本に充当すると過払いはどれだけか
　　　　　何が違法取り立てか
　　　③ ギャンブル，アルコール依存，買い物中毒のカウンセリング
　　　④ 基本的ニーズの獲得のための情報の獲得と支援
　　　雇用の確保（教育と職業訓練）
　　　　生活保護，福祉関連の情報
　　　　低利融資情報

Ⅲ　参加レベル→勉強会への参加
　　　① 法的知識の獲得
　　　② 違法取り立てへの対応
　　　③ 過払い請求，自己破産，特定調停等への具体的行動

Ⅳ　コントロールレベル 1→励まし合い
　　　① 家族の結束力　励まし合い
　　　② 同じ境遇の仲間同士の励まし合い
　　　③ 達成感，自信

Ⅴ　コントロールレベル 2→外部への働きかけ
　　　① 自分と同じ境遇に置かれている人々への支援
　　　② 金利引き下げ運動等，社会変革への働きかけ

図 3.7　多重債務者のエンパワメントプロセス

表 3.4　勉強会，あしたの会で学びたいこと
（3 項目以内複数回答，10% 以上の回答を得た項目）

順位	項目	(%)
1 位	業者に立ち向かう知恵	(58.3)
1 位	特定調停の仕組み	(58.3)
3 位	利息制限法での債務の計算方法	(41.7)
4 位	特定調停，自己破産で不利なこと	(18.8)
5 位	特定調停，自己破産にかかる費用	(16.7)
6 位	家族で借金を克服すること	(14.6)
7 位	特定調停，自己破産にかかる時間	(10.4)
7 位	自己破産の仕組み	(10.4)

輝いてくる過程でもある．それまで利息制限法以上に支払っているので，利息制限法に基づいて計算し直せば借金は確実に減ることがわかる．極端な場合には，たった今まで返済してきたのに，返済する必要がないだけでなく，払いすぎた過払い金として逆に消費者金融からお金を取り戻せることにも気づく．表 3.4 で示すように，勉強会では，出資法や利息制限法とそのグレーゾーン，任意整理，自己破産，特定調停，小規模個人再生，給与所得者再生のメリット，デメリット，これまで受けてきた取り立ての違法性を学ぶことができる．ここで学ぶことの一つひとつが，生きるか死ぬかの状態から普通の生活に戻れる道

筋を示している．ここで重要なことは，これらの情報と学びが，強力な生活資源として作用することである．知識を得ることは，解決策に向けて行動できる人的生活資源の獲得でもある．まさに知は力なりを実感する．これらの情報と知識無しには，多重債務から脱却できない．学ぶことによって，解決策が自分のなかで具体化していく．

学び，行動することによってコントロールを取り戻すさらなる生活資源に，人間関係がある．法的救済にむけて実際に行動したときに，多くの多重債務者が「これで生きられると感じる」最初の出来事は，消費者金融からの過酷な催促が止むことである．平均的な7～8件債務をもっている場合は，約4日に1回は何らかの返済の請求を受けるが，これが停止する．やっと精神的に落ちついて寝ることができる．今日から取り立てがこないという精神的安定は，穏やかな家族関係の回復につながる．さらにその精神的な絆は，家族内だけではなく，家庭外の仲間との間でも形成される．多重債務者の多くは，借金のために家族や友人との関係が悪化して，自分は人生の落伍者であると自信喪失しているが，そのような状態に陥っているのが自分一人ではないとわかること，解決策や悩みを仲間とともに考えることは，助け合える人間関係を獲得することでもある．人的生活資源の回復は，金銭資源に勝るとも劣らないパワーとなる．

「コントロールレベル」では，今まで解決できないと思っていたことに，具体的な解決の方策が示され，お互いに情報交換し励ましあい，さらに連帯して外部に働きかけていく関係ができあがる．そのことが次の「外部への働きかけレベル」で，これまで支援されるという受け身的な立場であったが，逆に仲間を支援する能動的な働きかけのレベルへと変化する．また，金利引き下げ運動のように，現実に貸金業法改正をもたらした社会変革運動へと発展していく．この相互作用なくして人間開発としてのエンパワメントはない．

生きていくために必要な生活資源のコントロールを取り戻すだけでなく，社会を変えていく事例として，ここでは多重債務者をとりあげた．しかし，一人ひとりの生涯を考えると，生活が立ち行かなくなる可能性は誰にでもある．生まれた家族が豊かでも貧しくても，男性であれ女性であれ，あるいは障害の有無，健康状態，年齢，未婚か既婚か，子どもの有無といった条件に関係なく，誰もが自分らしいライフコースを自由に選べる社会が，伊藤の述べる，すべてのひとびとの生活ニーズにこたえる福祉環境，すなわち生活のユニバーサルデ

ザインであろう（伊藤，2009）．そのような社会の構築に向けて，生活の場から発信して，生活を取り巻く環境を変えることのできる生活主体の形成がこれからの生活経営学には望まれている．

注

1) 調査Aは，2006年6～7月に行った75人を対象とした調査であり，花城梨枝子，2007，「多重債務問題にみられる社会的排除と社会的包摂へのアプローチ―沖縄県における多重債務者の事例から―」『生活経営学研究』，No. 42 による．調査Bは2001年10月，会への相談者のうち法的救済を受ける準備をしている「特定調停勉強会」とすでに申請を終えた者の集まりである「あしたの会」の参加者58人を対象としており，花城梨枝子，2002，「多重債務者への社会的支援に関する研究」『消費者教育』，22冊による．

〔花城梨枝子〕

文　献

直接的な引用は文中に「　　」で示した．
伊藤セツ，2009，「生活経営学視点が「生活の社会化」の新たな地平を拓く」生活経営学研究，No. 44, p. 6
金融庁，2006，貸金業法の改正について　多重債務問題の解決と安心して利用できる貸金市場を目指して．http://www.fsa.go.jp/policy/kashikin/02.pdf（2009/5/29）
増子勝義，2000，『新世紀の家族さがし―おもしろ家族論―』，p. 4，学文社
唐鎌直義，2007，「当事者団体による運動の意義」，『格差・貧困と生活保護―「最後のセイフティネット」の再生に向けて―』，p. 218，明石書店
水島宏明，2008，「シンポジウム「海外特派員が見た日本の貧困」―国際的に見ると〈貧困〉はメジャーな報道のテーマ―」，『半貧困の学校―貧困をどう伝えるか，どう学ぶか―』，p. 18，明石書店
久木田純，1998，「エンパワーメントとは何か」『現代のエスプリ』，No. 376, 22

▷ 3.2.3　病児・病後児保育の社会化の進展と生活資源の開発

社会化が課題となっている生活の重要な構成要素のひとつに育児がある．とくに働きながら子育てをするときに，病気の子どもの世話は大きな問題となり，離職の理由になる場合すらある．「育児と仕事の両立に関する調査」で，仕事を続けたかったが育児との両立の難しさから退職した女性の33%が，「子どもの病気等で度々仕事を休まざるを得ないため」を退職の具体的理由としている（図3.8）．病気の子どもの世話は働く親たちが最も苦慮することであり，

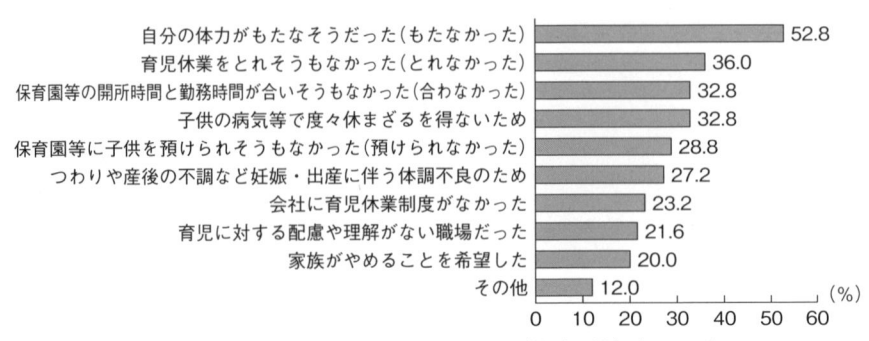

理由	%
自分の体力がもたなそうだった（もたなかった）	52.8
育児休業をとれそうもなかった（とれなかった）	36.0
保育園等の開所時間と勤務時間が合いそうもなかった（合わなかった）	32.8
子供の病気等で度々休まざるを得ないため	32.8
保育園等に子供を預けられそうもなかった（預けられなかった）	28.8
つわりや産後の不調など妊娠・出産に伴う体調不良のため	27.2
会社に育児休業制度がなかった	23.2
育児に対する配慮や理解がない職場だった	21.6
家族がやめることを希望した	20.0
その他	12.0

図3.8 両立が難しかった具体的な理由（複数回答）（N=125）

出典：日本労働研究機構，2003，p.32．
注）「出産1年前には雇用者で現在は無職」かつ「就学前の子どものいる女性」で，仕事をやめた理由を回答した517名のうち，「仕事と育児の両立の難しさでやめた」125人の回答．

支援の必要性の高い問題である．同調査で，子どもの看護のために必要な支援を尋ねた結果では，末子就学前の雇用者女性の場合，「病児・病後児保育施設」をあげる者が68％で，「看護休暇」をあげる者の割合（66％）を上回り（複数回答，回答者数1005人），病児・病後児保育への要求の高さを示している（日本労働研究機構，2003，p.28）．

病児・病後児保育に対しては，子どもが病気のときぐらい保護者がみるべきであるという意識も強いものの，近年，様々な形での病児・病後児保育の社会化が広がり始めた．本節では，病児・病後児保育の実態を追うとともに，病児・病後児保育の今後のあり方を検討する．

a. 病児・病後児保育の誕生

病児保育とは，広義には，親の就労にかかわらず，病気にかかっている子どものニーズを満たすために，専門家集団（保育士，看護師，栄養士，医師等）によって保育と看護を行い，子どもの健康と幸福を守るためにあらゆる世話をすることとされる（藤本，2008，p.5）．しかし，一般には，病児・病後児保育は，保育所に通っている子どもが病気をした際に自宅での保育が困難な場合，一時的に病児や回復期にある病児（病後児）の世話をすることの意味として使われている．本節でも後者の意味に限定し使用することにする．

病児・病後児保育は，1966年に誕生した世田谷区のナオミ保育園内の病児予後保育室「バンビ」が始まりとされている．「働く親たちが一番涙を流すと

き：子どもが病気のとき」を何とか解決しようという父母たちが，園や嘱託医と協力して病児・病後児保育を実現させた．「バンビ」は，全世帯が父母の会会員として加入する「共済制度」を運営の柱として，当保育園児を対象とする「園内方式」で発足している（蓬生，2009, p. 54）．1969年には大阪の枚方市でも，香里団地保育所の父母の会を中心とした運動の成果として，市民病院分院内に枚方病児保育室が誕生した．開設に尽力した医師は，親しくしていた病院の看護師が子どもの麻疹で10日間休み，職場に居づらくなって辞めたことや，学校の教員たちも非常につらい思いをしていたことなど，親たちの状況に背中を押されるような気持ちで病児保育を始めたと語っている（全国病児保育協議会，2003, p. 13）．設立の半年後から市による補助も開始され，この病児保育室は，自治体委託として地域のすべての保育園児を対象とする「センター方式」の病児・病後児保育施設となった．

b. 国の病児・病後児保育事業の展開

　病児・病後児保育に関する国の政策展開をみておこう．1991年，厚生省（現，厚生労働省）は「小児有病児デイケアに関する研究班」を発足させ，その研究成果をもとに，1994年には児童を預かる病後児デイサービスモデル事業を開始した．それを受けて1995年に出された「エンゼルプラン」に病児・病後児保育が位置づけられ，「乳幼児健康支援デイサービス事業」（1996年より「乳幼児健康支援一時預かり事業」）が実施された．この事業は，直接の実施主体を市町村とした国庫補助事業であり，実施施設や運営主体の多くを民間に委ねる方式である．「エンゼルプラン」の実施にあたり，病児・病後児保育事業は「緊急に達成すべき目標」のひとつとされ，事業を行う施設数を1994年度の30か所から1999年度までに500か所まで拡大することが目指された（財団法人こども未来財団，1995, p. 17）．しかし，1999年の達成状況は目標の2割の110か所にとどまったため，2000年度の「新エンゼルプラン」では，2004年度までに500市町村という目標を定め（厚生省，2000, p. 213），利用者負担の軽減と受託施設への補助率改善を行うとともに，医療機関，乳児院に限られていた運営主体を保育所にも拡大した．その結果，2005年には受託施設数は598か所に拡大し，2007年度の段階では745か所となっているが，認可保育所利用児童2714人当たり1か所，1市町村当たり0.41か所と（厚生労

表 3.5 「病児・病後児保育事業実施要綱」による病児・病後児保育の目的と事業類型

目的		保護者が就労する場合等において，子どもが病気の際に自宅での保育が困難な場合がある．こうした保育需要に対応するため，病院・保育所等において病気の児童を一時的に保育する他，保育中に体調不良となった児童への緊急対応等を行うことで，安心して子育てができる環境を整備し，もって児童の福祉の向上を図ることを目的とする．
事業類型	病児対応型	「回復期に至らない場合」で，かつ，当面の症状の急変が認められない場合において，当該児童を病院・診療所，保育所等に付設された専用スペースで一時的に保育する事業
	病後児対応型	病気の「回復期」にあり，かつ，集団保育が困難な期間において，当該児童を病院・診療所，保育所等に付設された専用スペースで一時的に保育する事業
	体調不良児対応型	児童が保育中に微熱を出すなど「体調不良」となった場合において，安心かつ安全な体制を確保することで，保育所における緊急的な対応を図る事業及び保育所に通所する児童に対して保健的な対応を図る事業

厚生労働省雇用均等・児童家庭局（2009a）より作成．

働省，2008），まだ十分な施設数とはいえない．なお，この事業は，2009年現在では，「病児・病後児保育事業」として，表3.5の実施要綱に基づいて行われている．

　病児・病後児保育の取り組みが思ったようには広がらない理由として，まず，施設・人員配置の困難さがあげられる．通常保育ではカバーできない特別な保育・医療体制が必要であり，しかも感染症などの場合は隔離施設が必要で，子どもの病気の種類や症状によって対応できる施設や看護・保育の体制が必要となる．さらに，基準に沿った設備や人員配置を行うためのコストがかさむことである（有賀，2008, p.51）．そのほか，この事業の補助を受けている事業者は1日2000円程度の利用料を受け取るのみで収入拡大にはつながらないことや，子どもの病気には季節変動があり，稼働率が低い時期と希望が殺到する時期があることなどもその理由である．

　厚生労働省は病児・病後児保育施設だけでは保護者のニーズに対応しきれていないという理由で，2005年より，地域の有資格者や子育て経験者が自宅等で子どもを一時的に預かる「緊急サポートネットワーク事業」を開始した．事業を行う団体を公募，選定し，事業委託と経費の補助を行う事業であったが，この事業は2008年度で廃止となり，2009年度以降は，ファミリー・サポート・センター事業の「病児・緊急対応強化モデル事業」で，地域の病児・病後児預かり等を実施することとした．なお，移行段階の2010年度までの時限措置として，「病児・緊急預かり対応基盤整備事業」が行われており，2009年現

表 3.6　地域における病児・病後児等の預かり事業[1]

ファミリー・サポート・センター[2] 事業における病児・緊急対応強化モデル事業	2009年度〜．次世代育成支援対策交付金の交付対象事業．実施主体は市町村で，市町村直営，または市町村から委託された民間団体が運営．病児・病後児の預かり等に対応できるよう講習を実施し，これを修了した会員が活動．
病児・緊急預かり対応基盤整備事業	2009年度〜2010年度の時限措置の事業．実施主体は国で，国から都道府県の民間団体に事業委託．看護師や保育士等の有資格者や緊急対応が可能な者に研修を行い，病児・緊急預かりを実施．

厚生労働省雇用均等・児童家庭局（2009b）厚生労働省（2009）より作成．
1) これらの事業は厚生労働省雇用均等・児童家庭局職業家庭両立課主管の事業．
2) ファミリー・サポート・センターとは，地域において子どもの預かり等の援助を行いたい者と援助を受けたい者からなる会員組織をいう．

在の預かり事業は表 3.6 のとおりである．

c.　民間の病児・病後児保育事業の事例[1]

病児・病後児保育のニーズに対して，国および市町村委託事業とともに民間独自の取り組みも始まっている．様々な活動団体があるが，そのなかで2つのNPO法人（特定非営利活動法人）の事業と株式会社1社の事業を取り上げて検討したい．

(1) NPO法人病児保育を作る会

「NPO法人病児保育を作る会」（「病児保育を作る会」）は，働きながら子育てをする親たちや看護師，医師，保育士，学生などが集まり，2004年に設立された団体である．東京東部地域と埼玉県を中心に，自主運営の病児・病後児保育事業ともに国や自治体からの委託事業を行っている．自主運営の訪問型病児・病後児保育は，利用登録者約550世帯で，「保育スタッフ」の登録者は約40人，2009年の利用数は300〜400件と見込まれている．自治体からの委託を受けた事業は，病児・病後児保育，宿泊を伴う保育，その他緊急の一時保育を行う緊急サポート事業で，会員登録者数は約120人，そのうち，利用会員が約100人，サポート会員が約20人で，「病児保育を作る会」が両者のコーディネートを行っている．また，厚生労働省が2009年度に始めた「病児・緊急預かり対応基盤整備事業」の委託を受け，国の病児保育・緊急一時保育事業も行っている．さらに，自治体からの委託で，保護者の体調不良や疲れ，通院時などに保護者の代わりに子育てサポーターが一時保育を行う事業も，ショートサポート事業として展開している．

自主運営で行っている病児・病後児保育の場合，登録費は1世帯2000円で，利用者は利用の際に1時間1100円の謝礼を支払い，保育スタッフが1000円を，「病児保育を作る会」が100円を受け取る仕組みをとっている．時間当たり100円の受け取りと登録費で事務の経費をまかなっており，事務局業務などは無償ボランティアの活動が支えている．「病児保育を作る会」は，だれもが利用しやすい料金で，安心してサービスを利用できる地域づくりを目指しており，ビジネスベースではなく，地域の協力や助け合いのなかでこの課題の解決を図ろうと活動している．そして，この活動によって，働く意思のある人が仕事を継続しながら安心して子育てができるという選択肢をもち，子どもたちが安全に成長できる地域と社会の実現に貢献することを目指すとしている．

(2) NPO法人フローレンス

「NPO法人フローレンス」(「フローレンス」) も2004年に設立された団体であり，訪問型・預かり型の病児・病後児保育事業を展開する一方，施設型の事業にも間接的にかかわっている．訪問型・預かり型は，研修を受けた有資格者や子育て経験者が，「こどもレスキュー隊員」と呼ばれる保育スタッフとして利用会員宅，または自宅で保育する．会員制で，2009年9月現在の利用会員は，子ども数で806名，保育スタッフは38名（月給制の病児保育ケアビルダー14名，時給制の地域レスキュー隊員24名）である．東京23区および千葉県浦安市で事業を展開し，2008年度の年間利用件数は1232件で，対応率は現在100％と報告されている．また，地域の小児科医と提携し，診察，電話相談などの体制を整えている．施設型の病児保育事業は，受診は医院，運営はNPOという，NPO・医院協働型の病児保育施設である．すなわち，契約関係は自治体が医療法人に事業を委託し，「フローレンス」と医療法人がマネジメント契約を結びサポートしあう事業である．

「フローレンス」は「社会的課題を事業によって解決する」ことを目的としている．起業のきっかけとなったのは，双子の子どもの病気の看護で1週間ほど休んだら，事実上会社を解雇されてしまった女性の話である．設立のメンバーである駒崎氏は，子どもが熱を出すのは当たり前，それを看病するのも当たり前なのに，当たり前のことをして職を失うこと，あるいは，どこにも預け先がないというのは社会問題であり，この問題を事業によって解決するために起業したと語っている．

「フローレンス」の特徴は，利用会員が支えあう共済型の月会費制を取っていることである．利潤の追求は目的でないが，収支の均衡が取れなければ事業は継続できない．病児・病後児保育で問題となるのが，冬場はニーズが増えるが夏場は利用率が落ち込む季節変動である．駒崎氏はインターネットの定額サービスにヒントを得て共済型を思い浮かべた．会員は子どもの発病率に応じて掛け捨ての月会費を払う．3か月ごとに再見積りを行い，利用の少ない家庭の会費は徐々に下げ，利用の多い家庭の会費は徐々に上げる仕組みで，2009年現在，約7割の会員の月会費が5000〜8000円で，会費の中に月1回分の利用料が含まれ，2回目以降は1時間当たり2100円である．また，2008年からは，ひとり親を支援する寄付会員制度を設けた．会員からの寄付によって，ひとり親家庭に安価に病児保育を提供する仕組みである．この寄付会員制度による寄付，利用会員の会費や寄付の他，財源確保のために法人からの寄付，自治体や企業からの事業への助成金も受けている．

(3) 株式会社M社

M社は，病児保育も行うワーキングマザーのための総合支援会社で，2001年に資本金1000万円で創業された．病児保育など「マザーケアサービス」のみの場合は年会費が無料であり，利用料金は1時間あたり首都圏で2580円（2009年現在）である．子どもが急に熱を出すなどで保育所に預けられないときに，「ケアリスト」と呼ばれる病児保育の訓練を受けたスタッフが，保育所へのお迎えや自宅に駆けつける事業で，現在，関西，関東，長野，福岡，名古屋で事業を展開している．

M社は，働く母親が仕事と家事・子育ての両立をしていく上での問題点を解決し，「仕事を続けてきてよかった」と実感できる社会を創造することを経営理念に謳っている．起業を促した要因のひとつは，社長の上田氏自らの体験である．勤務先の営業の仕事で顧客と10時に待ち合わせをする日の朝に，子どもが突然発熱した．保育所は37度5分までしか預からない．ベビーシッター会社に電話をすると，「ご予約は2日前までに」と断られた．自分の母親に来てもらうのには時間が間に合わない．結局，高熱のわが子を満員電車に乗せ，途中駅で母に子どもを預けた．窓ガラスに額をつけ，頭を冷やすわが子の顔が忘れられないという．

以上取り上げた事例のうち，「病児保育を作る会」の運営は国や自治体から

の事業委託費と無償ボランティアによる活動に支えられており，社会の仕組みに病児保育を組み込んでいく市民運動という性格をもった活動であるといえる．それに対し，「フローレンス」の場合は，社会問題を解決する事業を行うことが目的であり，会員制の互助的組織を形成することによって事業の安定化を図り，安定的にサービスを供給すること目指している．M社の場合は，病児保育のみならず総合支援の多様な事業を展開することによって幅広く働く母親を支援することを目指している．病児・病後児保育自体が新しい事業であり，3つの事例はすべて設立から10年に満たない．安定した事業基盤を築いていけるか否か，今後の展開を見守る必要がある．

d． 病児・病後児保育という生活資源の開発

施設型の病児・病後児保育は，この問題を解決したいと願う父母たちの運動がその始まりであった．訪問型・預かり型も父母たちや社会起業家の思いが原動力となって広がってきた．当事者のニーズが病児・病後児保育を，国の事業や社会的企業[2]，市民ボランティア組織，株式会社などから提供される生活資源に発展させたといえる．利用できる地域に偏りはあるものの，病児・病後児保育は，保護者，とくに子をもつ女性の安定就労を保障し，女性を職場に包摂する重要な生活資源になりつつある．さらに，病児・病後児保育は，現在就労している保護者のみならず，子どもの病気を理由に安定就労から排除された女性たちや，今後仕事と子育ての両立を希望する就業者が安心して働き続ける条件を広げるものであり，社会に普遍的なサービスとして今後もさらに発展することが予想される．

なお，病児・病後児保育には慎重論もあるものの，保護者のなかには，仕事を休めずに，心を痛めながらも投薬などで熱を下げて子どもを登園させる保護者や，明け方に子どもが嘔吐したにもかかわらず，保育士に何も告げられずに出勤する保護者もいる．子どもの病気のときに，保護者が安心して休める職場環境を整備することが重要課題であることはいうまでもないが，休むことが困難なときに，病児・病後児保育が利用できれば，子どもは安心して看護が受けられ，健康を回復することができる．子どもの福祉にとっても重要な生活資源であり，病児・病後児保育の現場では，子どものニーズが満たされる保育内容の充実も図られている．

〔久保桂子〕

注

1) 事例については，引用文献，ホームページ，パンフレット，団体への取材（2009年9月～10月）などによる．
2) 福祉や環境など，現代社会の様々な課題の解決を社会的使命として掲げ，その解決のために革新的なアイデアを生み出すことで事業を展開する組織．

文　献

有賀　望，2008,「医療（病児と病棟）保育の実際」米山岳廣・宮川三平・鳥海順子編著『病児と障害児の保育―基礎と実際―』文化書房博文社

藤本　保，2008,「病児保育の概念」全国病児保育協議会『必携　新・病児保育マニュアル』全国病児保育協議会

株式会社マザーネット，2009,「Mothernet」http://www.carifami.com/

駒崎弘樹，2007,『「社会を変える」を仕事にする―社会起業家という生き方―』英治出版

厚生労働省，2008,「これまでの議論の項目と保育サービスの全体について」（第17回社会保障審議会少子化対策特別部会資料5，平成20年11月11日）http://www.mhlw.go.jp/sinigi/2008/11/dl/s111-8f.pdf-2008-11-17

厚生労働省，2009,「企画競争（平成21年度病児・緊急預かり対応基盤整備事業)」（平成21年3月25日付）http://www.mhlw.go.jp/sinsei/chotaku/choutaku/kikaku/2009/02/kk0212-03.html

厚生労働省雇用均等・児童家庭局，2009a,「病児・病後児保育事業実施要綱」（平成21年6月21日付通知，雇児発第0603002号）

厚生労働省雇用均等・児童家庭局，2009b,「次世代育成支援対策交付金の交付対象事業及び評価基準について」（平成21年8月18日付通知，雇児発第0818第2号）

厚生省，2000,『平成12年版　厚生白書』ぎょうせい

日本労働研究機構，2003,「育児や介護と仕事の両立に関する調査結果」労働政策研究・研修機構 H.P.　http://www.jil.go.jp/kokunai/statisistics/doko/h1507/index.html

NPO法人病児保育を作る会，2009,「NPO法人病児保育を作る会」http://ikudou.blogzine.jp/

NPO法人フローレンス，2009,「病児保育・病後児保育のNPOフローレンス」http://www.florence.or.jp/

上田理恵子，2009,『働くママに効く心のビタミン』日経BP社

蓬生幸一，2009,「体調不良児対応型・保育所併設（自園型）『バンビ』」, 高野　陽・西村重稀編著『体調のよくない子どもの保育』北大路書房

財団法人こども未来財団（編）・厚生省児童家庭局監修，1995,『実務必携　児童育成計画―地方版エンゼルプラン策定の手引き―』ぎょうせい

全国病児保育協議会10周年記念誌委員会，2003,『病児保育10年のあゆみ』全国病児保育協議会

4 参加と協働でつくる生活経営の組織

4.1 参加と協働による生活経営

　高度産業社会，高度消費社会は，私たちの生活に〈豊かさ〉をもたらした．企業を中心とした競争と経済至上主義という特定のあり方に適合している限りにおいて，個別家庭が所得を増やし様々なモノやサービスを取り入れるという，受益と選択の生活経営は成立してきた．このような状況では，社会全体に目を配るゆとりはなく，仕組みから振り落とされまいとしがみついている現状がある．

　一方，今や経済のグローバル化も相まって，その〈豊かさ〉を生み出す社会のあり方そのものが生活を混乱に陥れ，「これまであった生活，今ある生活は絶対ではない」と人々は不安と不信に陥っている．そして，社会的排除や摩擦，少子高齢社会の進展，生活単位の小規模化，社会からの孤立，自然環境の悪化など，個人や個別家庭では解決できない新しい生活問題に，第一セクター（行政）や第二セクター（企業）のみでは対応できないと，2章，3章でみたように，新しい価値や目的，社会的使命を掲げて，一人一人に見あった生活環境をつくりだす第三セクター（民間非営利セクター），とりわけ市民活動団体（図4.1：狭義のNPO，NPO＝民間非営利組織）の活動が活発化している（『国民生活白書』平成12年，平成16年，平成19年）．

　家庭の外にでて市民活動団体に参加し，人や地域との関係性を豊かにしながら欲しい財やサービスをつくりだし，その団体がまた協働することを通じて社会の価値や生活資源の供給の仕組みを変えていくという，参加と協働の生活経営が始まっており，今後ますます必要とされている．市民活動団体は，現に存在する資源を個人や家庭に取り込んで豊かな暮らしを提供するというよりも，

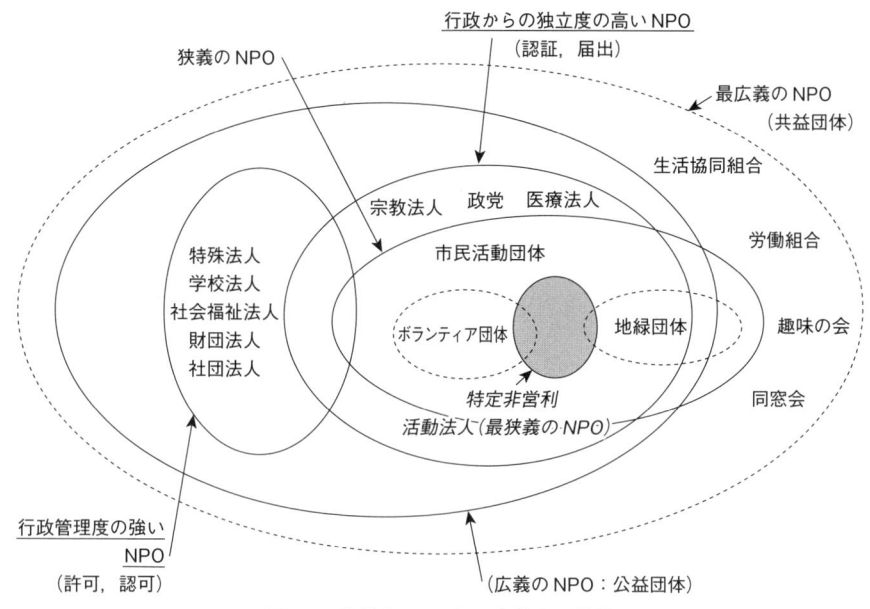

図 4.1 多様な NPO と，定義上の関係
出典：大阪ボランティア協会編集，2004，『ボランティア・NPO 用語事典』，p. 9，中央法規を一部修正.

個人や家庭，企業や政府のもつ資源を「パブリックリソース」（NPO や市民が非営利活動を行うときに活用される"共的"な経営資源）（パブリックリソース研究会，2002）に組み替えて，誰もが参加できる新しい公共空間をつくりつつ，人々が必要とする新たな生活環境を創造するという生活経営の組織といってよい．市民が届け出により法人格を取得し，自由に社会貢献活動ができるようにする特定非営利活動促進法も 1998 年に議員立法で成立した．

本章では，参加と協働の生活経営を可能にする市民活動団体（図 4.1：狭義の NPO）に注目して論ずる．また，活動への参加が，活動者および家族に与えている影響についてもみる．事例 4.2.1 項では，家族同士の協同を進める協同居住組織，事例 4.2.2 項では，地域に暮らす人々の様々な個人資源（人，時間，社会関係等として存在）を地域社会に循環させる地域通貨，事例 4.2.3 項では，農業女性の生産や家族生活，社会生活における自立と協同を育む団体や組織を取り上げている．

a. 生活経営の新しい地平を開く組織

(1) 第三セクターの範囲と特徴

　第三セクターの範囲は，図4.1でみると「最広義のNPO（共益団体）」である．1990年に始まったジョンズ・ホプキンス大学の国際比較研究では，民間非営利セクターに含まれる組織の特徴を，非営利（nonprofit, not-for-profit：利益追求を目的としない．利益が発生しても構成員で分配せず，使命のために再投資する），非政府（nongovernmental：政府から独立している．ただし政府からの資金援助を排除しない），組織性（formal：規約，責任関係が明確で，使命，目標，戦略，機能を有し，個人から独立した組織である），自己統治性（self-governing：自己管理する能力があり，外部の管理・監督を受けていない），自発的結社性（voluntary：構成員が自発的に活動している．全収入が寄付であるとか，スタッフが全員ボランティアである必要はない）などで定義づけた（大阪ボランティア協会編集，2004）．

　そして，表4.1のように，第一セクター，第二セクター，第三セクターという3つの社会セクターは，固有の社会的価値や規範，サービス特性をもっている．例えば，「体現・追求する社会的価値」をみると，第一セクターは「公平・平等」，第二セクターは「利潤追求・競争」，第三セクターは「生活・生命・共生（非公平・非平等）・個性」である．そのため，「行動の規範，サービスの特性」「サービス目標，テーマ」も異なってくる．したがって，採算がとれるかどうかわからないが解決すべき生活課題にはまず第三セクターが取り組

表4.1　3つの社会セクターと固有の社会的価値・規範・サービス特性

セクター	社会的主体	体現・追求する社会的価値	行動の規範，サービスの特性	サービス目標，テーマ	サービスイメージ（俯瞰）	サービスイメージ（水平）
第一セクター	政府・自治体（行政）	公平・平等	均一・画一	納税者と選挙民のために	格子（どの窓も同じ）	平板
第二セクター	企業	利潤追求・競争	対価性・Give and Take	富める者には豊富に…	ミツバチ（蜜のあるところへ）	超高層ビルと空き地
第三セクター	NPO（市民活動団体）	生活・生命・共生（非公平・非平等）・個性	個別・自主・選択・多様・交代可能性	課題と意志あるところに	パッチワーク（色々な生地と形）	八ヶ岳型・アメーバ型・可変型

出典：山岡義典編著，2005，『NPO基礎講座新版』，p.210，ぎょうせい

み，採算がとれることがわかれば企業が取り組み，社会的課題と認識されその解決に税金を投入してもよいということになると政府が制度をつくり実施することになる．また，特性が異なるため，得意分野を持ち寄って，協働を行う場面も出てくる．

(2) 市民団体・NPO の存在意義

　ここでは，既存の組織のありようにとらわれず，身近で，誰でもつくれて参加できる市民活動団体（なかでも，地縁団体以外の市民団体・NPO）について山岡（2005）にそってみてゆく．

　市民団体・NPO は，社会運動や事業を通じて社会に貢献することから効用を得る組織である．運動性とは自分の考えや思いを他者に働きかけ広めて社会を変えていこうという性質のことで基本的に対価を求めず，事業性とは対価によって成り立つ活動を指し，買い手の「ニーズ」の存在を前提としている．近年，社会的な課題をビジネスの手法で解いていく「社会的企業」や「コミュニティ・ビジネス」が試みられている（3.2.3 項で登場した「NPO 法人フローレンス」もその事例）．

　市民団体・NPO の社会的な観点からみた存在意義は，① 先駆性・冒険性（儲かるかどうかに関係なく，DV や難民問題など新しい問題に取り組む創造性），② 多元性・多様性（いろいろな価値観で発言し，不登校の子どもたちの学習と居場所づくりなど，当初は法律的にはカバーされないが必要で多様な社会サービスを提供する），③ 批判性・提言性（第二・三セクターを外部の目で見て，調査能力と専門性をもって改善・解決策を提出する），④ 人間性・精神性（命の電話，傾聴など，人間対人間の心に関わる社会サービスが適切に提供できる）である．

　個人的な観点から見た意義としては，① 個人の思い（志）を社会的な力にする仕組み，② 独創的・個性的な生き方を可能にする場，③ いろいろな価値観や考え方の活動がある社会に生きられる，④ グループ（民主的グループ・組織）に所属する建設的な生き方を可能にするなどがある．

　また，私たちは，組織に参加すると組織から影響を受けることになる．とくに多くの時間を過ごし役割や分業の一端を担う組織は，「私たちの行動，専門能力，生活パターン，社会的環境，価値観や思考様式，ときには人格にまで影響を及ぼすことがある」（桑田・田尾，1998）．市民団体・NPO に参加して活

動したり協働することは，職場や地域の価値観のもとで過ごすのとは異なる経験をすることになり，ワーク・ライフ・バランスを保つことにもつながる．

このようにみてくると市民団体・NPO は，生活価値の実現や生活課題の解決に適していることがわかる．2009 年 6 月の段階で，特定非営利活動法人（NPO 法人）の認証数は 37,785 団体にのぼっている．法に定められた 17 の活動分野でみると，「保健・医療又は福祉の増進」57.7％，「社会教育の推進」46.0％，「まちづくりの推進」40.8％，「学術，文化，芸術，又はスポーツの振興」32.9％，「環境の保全」28.6％ となっている（複数選択）．法人格をもたずに活動している団体数はこの比ではない．

(3) 市民団体・NPO のマネジメント

市民団体・NPO を継続して運営するにはマネジメントが必要である．マネジメントとは，「人・金・情報などの資源を投入して目的にかなった財やサービスを効率的に産出するための戦略的な組織の動かし方」である．マネジメントのポイントは，① ミッション（社会的使命）マネジメントと ② ボランタリー（自発性）マネジメントで，さらに ③ アカウンタビリティ（説明責任，透明性）が重視される（山岡・雨宮，2008）．

マネジメントの仕方によっては，図 4.2 のように，政府部門，民間営利部門，家族・コミュニティとの協働のコーディネート役を果たすことで，政府部門，民間営利部門，家族・コミュニティの資源をパブリックリソースとして活

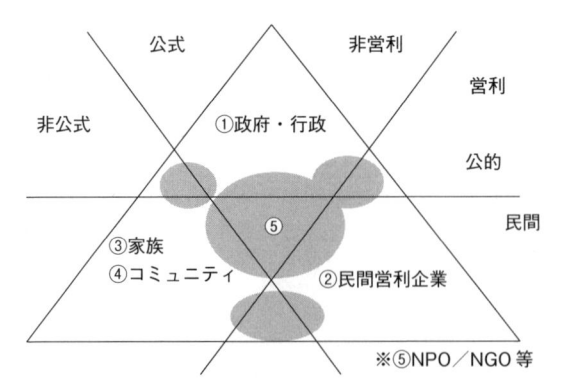

図 4.2 21 世紀社会デザインのなかでの協働
出典：大阪ボランティア協会編集，2004，『ボランティア・NPO 用語事典』，p. 31, 中央法規に追加．

かし，循環させ，生活資源の創造と配分をコントロールし，参加と協働の生活経営を生み出すことが可能である（前出，大阪ボランティア協会）．

(4) 参加と協働

使命や目的に賛同して市民団体・NPO に参加して活動する，そして協働する（collaboration）とはどのようなことであろうか．山岡（2008）は，参加は「個人が組織に対して行う行為」，協働は「組織と組織が行う行為」としている．

市民が組織に参加をする場合には，参加者と参加受け入れ団体・組織の間には，情報公開，学習，ルール遵守の3原則があるといわれている．そして参加とは，「ある団体・組織の企画立案やその実施あるいはその評価について，個人が責任を持って関与することにより，望ましいと思われる影響を与えること」と定義されている．市民団体・NPO に参加して活動するということは，組織が何かをしてくれることがメリットなのではなく，自分のやりたいことがともに実現できることがメリットなのである．

協働（collaboration）とは，たとえ志や目標達成のための方法論や考え方が多少違っても，「異種・異質の組織同士が共通の社会的な目的を果たすために，それぞれのリソース（資源や特性）を持ち寄り，対等の立場で協力して共に働くこと」とされている（前出，大阪ボランティア協会）．なお，協働の7原則としては自己確立の原則，相互理解の原則，対等性の原則，目的共有の原則，開かれた関係の原則，自己変革受容の原則，関係時限性（有期性）の原則があげられている．協働を進めるには，それぞれの組織の力量やとりわけリーダーの力量が問われる．協働の具体的プロセスとしては基準をもつ，手続きを共有する，評価をすることが重要である．

b. 市民活動団体での活動により生まれるもの

ここでは堀越たちの行った調査から，参加が生み出す興味深い結果を紹介したい[1]．

1つは，活動を続けることによる変化（複数回答）（図4.3）である．自分の人生が豊かになることもさることながら，多様な生活や地域への理解の深まりを通じて，「私生活」を超えて，自らが暮らす地域や社会，社会の制度や仕組みなどへの意識や関心が高まり，また地域の行政の委員会や審議会などに所属

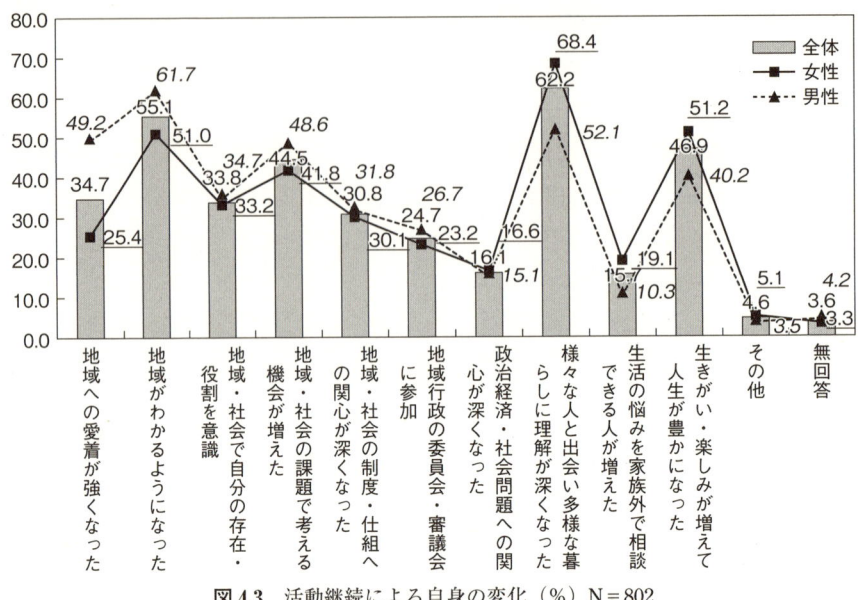

図 4.3 活動継続による自身の変化（％）N＝802

して施策の決定過程に参画するようになっている．

2つは，家族の意識や行動の変化（複数回答）である．地域活動者が活動を行うことで，家族の誰かの意識や行動に変化があったかどうかを地域活動者自身に聞いたところ，地域活動者の 75.4％ が，家族の意識や行動に変化があったと回答している．また，家族自身も 65.3％ が影響を受けたと回答している．地域活動者が，自分の行っている活動について家族に理解・協力を求めるためにしたことは，「活動内容を伝えるようにした」61.9％，「活動にかかわるイベントに誘った」27.0％，「やりがいを感じていることを伝えた」23.4％，「活動の手伝いを頼んだ」20.3％ など，自ら働きかける行為を行っている．

以上のように，このような活動は，個人を変え，家族を変え，地域を変えることにつながり，生活経営力を培うものである．

c. 課題と展望
(1) 市民団体・NPO の社会的位置づけ

参加と協働の生活経営にとって生活経営主体が市民団体・NPO に参加しての活動が不可欠であり，市民団体・NPO の活動がよりいっそう活発化するこ

とが重要である．しかしながら市民団体・NPO が抱えている問題も多く，そうした問題解決も参加と協働の生活経営にとって課題である．ここでは2点について述べたい．

　第1に，活動上の課題である．人，資金，活動場所などが不足している．行政との協働においても，行政の理解不足により（時には市民団体・NPO の理解不足もある）実際は下請け業者扱いで安価に使われ，対等な関係の確保が難しい状況にある．これに対しては，寄付税制の改革や，自治基本条例の制定，協働のルール作り，指定管理者制度導入の見直しなどが行われている．

　第2に，市民団体・NPO と地縁（地域）団体との関係である．暮らしにおける多様なニーズの出現，人々の社会的孤立の深刻化，企業や行政が果たす役割の限界と新しい動きのなかで，コミュニティの必要性が高まっており，自治会や町内会などの「エリア型コミュニティ」と，市民活動団体などの「テーマ型コミュニティ」が，協働することで，「多元参加型コミュニティ」が形成される（国民生活審議会総合企画部会報告『コミュニティ再興と市民活動の展開』(2005))．

　町内会・自治会は，役員が高齢化しているがなり手がいない，取り組みに地域の理解が得られない，加入率が漸減しているなど問題を抱えているが，一方で孤立死を減らす取り組みなど個人の問題解決にも取り組みつつ，「地域の多様な主体と対等平等の関係で協働できる自立（律）的住民組織」を活動の原則に掲げる組織も登場している（あしたの日本を創る協会，2008)．

(2) 必要な政策提言

　参加と協働の生活経営では政策提言をすることが重要な要素となる．ここでは2つあげてみたい．

　第1に，市民団体・NPO が活躍することで，暮らしやすい社会をつくろうという政策ビジョンづくりへの提言である．市場原理に支配される社会では様々な新しい生活問題が生じており，第三セクターは人びとのつながり・連帯をつくり，社会の統合をはかり，個別の多様なニーズに対応できるサービス供給主体としてそれらの問題解決をはかる主体であることを政府に正当に位置づけさせる提言である．たとえばイギリスでは，政府と NPO（通常の呼称は VCS：voluntary and community sector）の関係性の枠組みを確認する協定文書（コンパクト：compact）を採用しているが，これは，NPO を民主社会の不可

欠な構成要素とみなし，政府と NPO が相互に独自の役割を有しながらも相補的な関係にあるのだという認識がある（塚本・柳澤・山岸，2007）．

　第 2 に，自治体に対してコミュニティビジョンをつくろうという提言である．自治体における「地域福祉計画」と社会福祉協議会がつくる「地域福祉行動計画」はその大きなきっかけになると思われるが，策定は義務づけられてはいない．その地域を構成する市民，市民団体・NPO をはじめとした第三セクター，行政，企業が，その解決に最も取り組まなければならない課題は何かを探し，解決に向かえるようにすることが必要である．ここでいうコミュニティビジョンには，次章で述べるような生活ガバナンスの構想が不可欠である．

注

1) 堀越栄子，2008，「2007 年度文部科学省科学研究費補助金（2 年目）「家族の生活経営から市民社会と協働する家族生活へ──地域生活力・生活公共の概念と実証」

コラム

市民参加のはしご

　本文では，市民団体・NPO への参加について述べたが，ここでは市民がまちづくりや環境，子育て支援など行政の政策決定過程に参加するときの課題について述べる．米国の社会学者故シェリー・アーンスタインは，行政への市民参加を 3 分類 8 段階にわけて「市民参加のはしご」と呼んだ．彼女は，市民の参加とは市民が目標を達成できる権力を与えることであるとし，参加の度合いの低い段階から「参加不在」，「形式だけの参加」，「権利としての参加」の 3 分類とした．さらに，一番低い「参加不在」を，参加の度合いの低い段階から「① 世論操作，② セラピー（不満をなだめる）」の 2 段階，真ん中の「形式だけの参加」を「③ 情報提供，④ 意見聴取，⑤ 懐柔」の 3 段階，一番高い「権利としての参加」を「⑥ パートナーシップ，⑦ 権限の委任，⑧ 市民によるコントロール」の 3 段階として説明している．

　近年，区市町村では，「次世代育成支援行動計画」「高齢者保健福祉計画／介護保険事業計画」「障害者基本計画」「地域福祉計画」など様々な行政計画策定や，自治基本条例や市民協働推進条例などの条例づくりの委員会に市民の公募が行われている．その際，参加の度合いが問題となり，本稿で述べている参加は，「権利としての参加」である．　　　　　　　　　　　　　〔堀越栄子〕

（参考：Arnstein Sherry R., 1969, "A Ladder of Citizen Participation" in APA Journal, July）

アンケート調査報告の概要|『家政経済学論叢』，44号，家政経済学会，による．

〔堀越栄子〕

文　　献

桑田耕太郎・田尾雅夫，1998，『組織論』有斐閣アルマ
名和田是彦「町内会・自治会と地域社会の将来」あしたの日本を創る協会『まち・むら』101（2008年8月），小池田忠「包括的な地域課題と個人の問題領域に踏み込む自治会を」102（2008年11月）
大阪ボランティア協会編集，2004，『ボランティア・NPO用語事典』，pp. 8-9，ぎょうせい
パブリックリソース研究会編，2002，『パブリックリソースハンドブック―市民社会を拓く資源ガイド―』ぎょうせい
佐藤慶幸『アソシエーティブ・デモクラシー――自立と連帯の統合へ―』有斐閣，2007
塚本一郎・柳澤敏勝・山岸秀雄，2007，『イギリス非営利セクターの挑戦―NPO・政府の戦略的パートナーシップ―』ミネルヴァ書房
山岡義典編著，2005，『新版　NPO基礎講座』ぎょうせい
山岡義典・雨宮孝子，2008，『新版　NPO実践講座』ぎょうせい

4.2　参加と協働でつくる生活経営組織の事例

▶ 4.2.1　協同居住を支える生活経営組織―「コレクティブハウスかんかん森」の事例より―

　コミュニティの崩壊，少子高齢化とともに進む家族員の減少などにより，地域のなかで孤立したひとり暮らしや夫婦のみの世帯が増加しつつある．今の時代，生活の利便性が高い都市で，元気で，経済的に裕福であれば，ひとり暮らしでも何ひとつ不自由を感じないであろう．その一方で，高齢者を中心に，家族や近隣からの協力を得られず，個人や世帯のみでの生活経営が難しいという状況が広がりをみせつつある．

　その状況を打開する最も直接的な方法は，協同居住[1]であろう．協同居住といっても，サービス型の高齢者住宅（グループリビングや高齢者下宿，有料老人ホームなど）やルームシェアなど多岐に渡るが，ここでは居住者たちの「参加と協働」でつくる，自主運営を基本とするコレクティブハウジングを事例とし，そこでの生活経営を支える組織の形成から変遷，課題などをみていくことにより，新たな生活経営や生活経営組織の方向性を見出したい．

a. コレクティブハウジングとは

小谷部（1997）は，コレクティブハウジングを「多様な居住者が，共通の価値観のもとにグループを形成し，その構成員全員で成立させる集住コミュニティ」と定義する．さらに，住まいのかたちとしては，「一住棟あるいは一住宅団地内に，独立完備した複数の住戸のほかに，豊かな共用室や設備[2]が組み込まれている」という特徴が，住まい方としては「個人や家族の自由でプライバシーのある生活を基本に，複数の世帯が日常生活の一部を共同化して生活の合理化をはかり，共用の生活空間を充実させ，そのような住コミュニティを居住者自身がつくり育てていく」という特徴があることを示している．共用空間は居住者が自由に利用できる場であり，またコモンミール（共食）やガーデニング，イベントなどが実施される場でもある．ハウスは居住者が組織する居住者組合によって自主運営され，その運営をサポートするためにNPOなどの第3者機関がコーディネーターとしてかかわるのが一般的である．

b. 「コレクティブハウスかんかん森」と「居住者組合森の風」の概要

2003年6月，東京都荒川区東日暮里にオープンした「コレクティブハウスかんかん森」（以下，「かんかん森」とする）は，12階建ての「日暮里コミュニティ」内の2～3階部分にある（図4.4）．「日暮里コミュニティ」は，都内

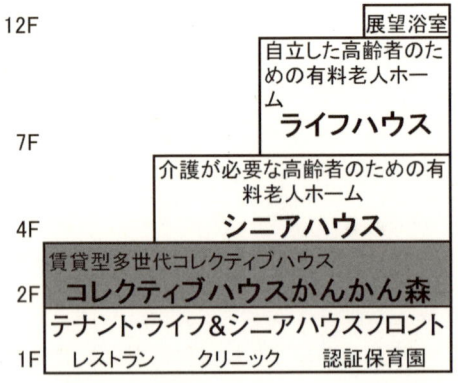

```
12F ┌──────────────┐
    │      展望浴室      │
    │ 自立した高齢者のた │
    │ めの有料老人ホーム │
    │     ライフハウス    │
 7F │                    │
    │ 介護が必要な高齢者 │
    │ のための有料老人ホーム│
 4F │     シニアハウス   │
    │ 賃貸型多世代コレクティブハウス │
 2F │ コレクティブハウスかんかん森 │
    │ テナント・ライフ＆シニアハウスフロント │
 1F │ レストラン  クリニック  認証保育園 │
```

図4.4 「日暮里コミュニティ」全体図
嶋崎東子・赤塚朋子・久保桂子, 2005,「『日暮里コミュニティ』における生活のあり方と世代間交流」,『生活経営学研究』No.40, p.23より作成.

初の多世代複合型の住まいである．1階には後述の「ライフ＆シニアハウス」居住者のためのレストラン，東京都認証保育所，多目的室などがあり，2，3階が多世代賃貸型のコレクティブハウス「かんかん森」（全28戸）である．なお，4〜11階までは合わせて「ライフ＆シニアハウス」といい，すべて終身利用権方式の有料老人ホームである．

2009年9月1日現在，「かんかん森」の居住者数は大人29人，子ども4人，大人では女性23人，男性6人であり，女性が多い．世帯構成は，2世帯が子どものいる世帯で，あとは単身での入居である．単身者の年代は若年層から高齢者まで多様である．また，2戸は各々2人，3人でのルームシェア世帯である．

「かんかん森」は日本における自主運営型の本格的コレクティブハウジングの第一号であり，その運営主体は「かんかん森」の18歳以上の居住者全員が会員となる「居住者組合森の風」（以下，「森の風」とする）である．また，入居者募集やコーディネートは「かんかん森」の住民有志でつくった「株式会社コレクティブハウス」（以下，CHIとする）が行っている[3]．CHIのコーディネート業務のなかに「内部移動」に関することがある．「かんかん森」28戸のなかには様々な大きさ，間取りの住戸がある．家族の状況が変化したときに内部で他の住戸にスムーズに住み替えができるようなシステムづくりが現在も模索され続けている．

「かんかん森」での生活を示すために，「森の風」のシステムを紹介しよう．嶋崎他（2005）によると，自主運営型の「かんかん森」では，フォーマルな話し合いの場として月1回定例会が開催される．運営体制としては，役員，「森の風」の主な業務運営を担う運営係（会計，広報，地区対応など），「森の風」の日常活動を担う活動グループ（ガーデニング，コモンミールプランニング，ランドリーなど）がある（図4.5）．「森の風」には皆が必ず担うべき役割として，コモンスペースの掃除とコモンミールのためのクッキング・後片付けがある．コモンミールとは共同の食事のことで，週3回（夕食）実施されている．クッキングと片付けは当番制で1か月に1回ずつ回ってくるが，食べるか否かは自由であり，基本的に前日までの申込制である．掃除は三か月ごとに1か月間当番が回ってくる．割り当てられた箇所を1週間に1回程度掃除するという決まりになっており，いつするか，どのレベルの掃除をするかなどは，基本的

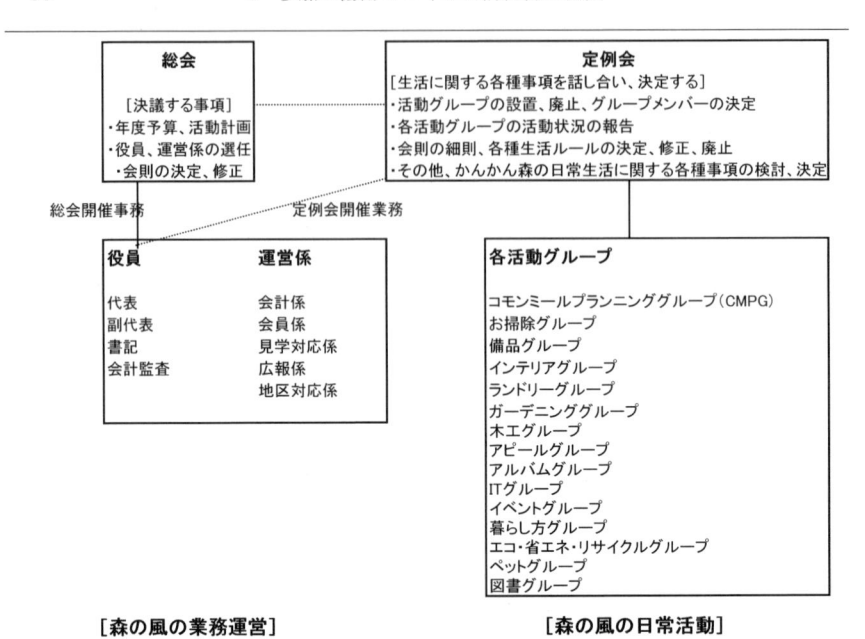

```
┌─────────────────────────┐        ┌──────────────────────────────────────────────┐
│         総会            │        │              定例会                           │
│   [決議する事項]        │        │ [生活に関する各種事項を話し合い，決定する]   │
│  ・年度予算，活動計画   │········│ ・活動グループの設置，廃止，グループメンバーの決定 │
│  ・役員，運営係の選任   │        │ ・各活動グループの活動状況の報告             │
│  ・会則の決定，修正     │        │ ・会則の細則，各種生活ルールの決定，修正，廃止 │
└─────────────────────────┘        │ ・その他，かんかん森の日常生活に関する各種事項の検討，決定 │
                                   └──────────────────────────────────────────────┘
   総会開催事務              定例会開催業務

┌─────────────────────────┐        ┌──────────────────────────────────────────────┐
│  役員       運営係      │        │        各活動グループ                         │
│  代表       会計係      │        │  コモンミールプランニンググループ (CMPG)      │
│  副代表     会員係      │        │  お掃除グループ                               │
│  書記       見学対応係  │        │  備品グループ                                 │
│  会計監査   広報係      │        │  インテリアグループ                           │
│             地区対応係  │        │  ランドリーグループ                           │
│                         │        │  ガーデニンググループ                         │
│                         │        │  木工グループ                                 │
│                         │        │  アピールグループ                             │
│                         │        │  アルバムグループ                             │
│                         │        │  ITグループ                                   │
│                         │        │  イベントグループ                             │
│                         │        │  暮らし方グループ                             │
│                         │        │  エコ・省エネ・リサイクルグループ             │
│                         │        │  ペットグループ                               │
│                         │        │  図書グループ                                 │
└─────────────────────────┘        └──────────────────────────────────────────────┘
   [森の風の業務運営]                      [森の風の日常活動]
```

図 4.5 「森の風」組織図（2005 年現在）

出典：嶋崎東子・赤塚朋子・久保桂子，2005,「『日暮里コミュニティ』における生活のあり方と世代間交流」,『生活経営学研究』No. 40, p. 24

には個人に任されている．

　以上のように，「かんかん森」は，居住者の運営への参加義務があるが，それを理解し納得した人が選択する住まいである．そして，クッキングをはじめ，様々な活動のなかで多世代交流できることが，コレクティブハウジングの特徴である．例えば，普段食べないような料理をコモンミールで味わったり，他の居住者と一緒につくったりすることができる．英語が得意な人が英会話教室を開いたり，ある居住者の呼びかけで新しいサークルができたり，イベントが開催されたりする．そういった活動を通して，参加者の生活の幅や経験が広がりうる[4]．まさに生活創造の場（御船，2007）であると同時に，そのような活動のなかで互いを知り，日常的に配慮しあえる人間関係をつくりあげることが，一般的な生活よりも容易となる．そのことが，とくに健康面での不安を抱えていたり，高齢期に差し掛かりつつある人たちから評価されている[5]．

c. 協同居住の意味

「森の風」のシステムの概略を示したところで，「かんかん森」で，なぜ協同居住をするのかという点に立ち返ってみる．ここでは，協同居住の意味について，①協同居住に何を求めているか，②協同居住を可能にする自主運営システム，③協同居住の運営や成果はコミュニティのあり方に普遍化できるか，という3点から考える．筆者が行ったインタビュー調査（2003，2004）や3回のアンケート調査[6]，ワークショップや定例会，その他活動へ参加するなかで得た知見[7]，2009年9月，10月のヒアリングなどから得られたデータから考察し，示していくことにする．

(1) 協同居住に何を求めているか—居住者の意識と「森の風」の変化から—

2003年の入居直後のアンケート調査では，「かんかん森」の生活に「多様な人々との交流による刺激や学び」，「家事などを共同する合理的な暮らし」，「自分たちで主体的につくっていける暮らし」，「個人住宅ではできない設備の充実」，「世代間での助け合い」などへの期待が高いことが明らかとなった．入居後のインタビュー調査で「かんかん森」に入居してどのような生活の変化があったかを聞いたところ，「かんかん森」での付き合いが人とのかかわり全般に好影響を与えているという回答が多くみられた．「構えず人と付き合えるようになった」，「前より出会おう，人とかかわりたいと思うようになった」などである．また，子育て世帯の場合，子どもべったりの生活でなくなり精神衛生上良くなったなどの好影響がみられた．なかには，「かんかん森」の仕事を夫婦別々に担うので夫婦の時間がなくなるといった回答もあったが，全体的には「かんかん森」での生活が人間関係をつくるトレーニングとなりコミュニケーション能力をアップさせ，それが人間関係全般に好影響を与えていることが見出された．また，コレクティブハウジング居住者には物質主義的でない人が多いといわれる．昨今，とくに住まいに関して，「資産価値」から「使用価値」への転換がいわれるが，まだ「使用価値」が重視されているとはいえない状況にある．しかしながら，「かんかん森」においては，個人あるいは家族でモノを所有するのではなく，共用できるところは共用し，協力できるところは協力する．その結果，より充実した人間関係や生活の豊かさが享受できることを目指しているのであり，多くの居住者がそのような考えをもっていた．

2009年9月，10月のインタビューやヒアリングから，新しい居住者たちに

は，居住者と知り合って入居できるという安心感をあげる人が多いこと，「1人暮らしに飽き飽きしていて，生活を変えてみたかった」という声も比較的若い層を中心に聞かれることが明らかとなった．「今空室があるなら」，あるいは「引越しのタイミングと合えば」という人も多いという．その他，「かんかん森」で取り組んでいるコンポストに興味をもって入居に至った人もいる．最初からの入居者たちが2年以上のワークショップに参加し，どういう暮らしをつくっていきたいかを議論し，そのなかでお互いをよく知ってから入居に至ったことを考えると，両者に差異が出るのは当然であるともいえる．最近，グループ活動やその他活動に参加しない居住者が出てきたため，最低限必要な運営係・活動グループを10個あげ，そのうち最低1つには入って活動するということが確認されたという出来事も，最初からの居住者とのモティベーションの違いを示しているといえよう．しかしながら，多くの人とかかわるなかで得られる刺激，安心感，コミュニケーションがあることなども評価していることから，「かんかん森」での暮らしに「豊かさ」を求めている点は共通しているのではないか．

何をもって「豊かさ」と定義するかは議論が必要なところであろうが，ある居住者は，「仕事以外の+αがあり，家族以外の人間関係のある生活」という．家族のみでは味わえないものを求め，協同居住が選択されたということは間違いないであろう．

(2) 協同居住を可能にする自主運営システム

少子化，世帯規模の縮小傾向，近隣の付き合いの減少が続くなか，多くの世帯，世代の人と関係しあい，協力しあいながら生活するということは，協同居住だからこそ可能となるものであろう．

それを可能たらしめているのは，「森の風」による自主運営のシステム，そして「森の風」を支える役割を果たすコーディネーター[8]の機能である．問題が起きても，月1回の「森の風」の定例会によって議論し，必要なことは変更していくことが可能である．しかしながら，最近定例会参加率の低下が懸念されている．今後対策を考えていかねばならないことであろうが，協同居住を成り立たせるためには自主運営のためのシステムが整っていること，そして民主的に決定できる場があることが重要であるといえよう．

(3) 協同居住の運営や成果はコミュニティのあり方に普遍化できるか

　多世代，多世帯が協力するためには，そのためのシステムづくり，そして問題や課題について民主的に議論できる場があることが重要である．そしてそれは，コミュニティにおいても実現可能であろう．しかしそのためには，「かんかん森」の最初からの入居者たちがもっていた「新しい生活を自分たちの手でつくっていきたい」というような，協同のシステムづくりへの強いモティベーションが必要なのではないか．すべてのサービスが商品化されてしまい，それを個別に購入することに慣れてしまった多くの人々には難しいことであるかもしれない．が，地域には多種多様なネットワーク，あるいは個別に知識技術をもつ人がいる．サービスを提供したいという人と利用したいという人をうまく結び付けるようなシステムをつくれれば，協同居住でなされているような生活の協同が地域でも実現できるのではないか．それを考えるにあたっては，地域通貨のシステムが参考となる．例えば北海道栗山町の地域通貨「クリン」のシステムを紹介すると[9]，くりやまコミュニティネットワーク事務局が「センターコーディネータ」の役割を果たし，さらにその地域に住む人や環境などをよく把握している人が「地域コーディネータ」として，地域と「センターコーディネータ」のパイプ役を担っている．利用者がサービスの依頼をすることにより，「地域コーディネータ」は提供者をその地域内から優先的に探すなど，より地域に密着したマッチング処理を行っているという．

　「かんかん森」でも入居前のワークショップなどのなかで，地域通貨のようなシステムがつくれないか模索された時期があったが，実現には至っていない．「かんかん森」の場合，世帯数が限られているため，利用者と提供者が限られているような生活の協同（「かんかん森」で考えると，食事や掃除以外ということになろうか）を進めるのが難しかったということがいえるだろう．しかし，もっと地理的範囲を広げた場合，何らかのサービスを依頼したい人，提供したい人ともに多数存在しているだろう．その両者を有機的につなぐためには，そのためのシステムづくりと，そのシステムを利用しやすい環境が必要とされる．サービスを利用するに際して危惧されるのは「プライバシー」の問題ではないかと思われる．コーディネーターやサービス提供者の側のモラルも含めたプロ意識，利用者側の割りきりというものも，地域での協同を進めるためには重要な要素ではないだろうか．

d. おわりに

「かんかん森」の概要，自主運営組織「森の風」の現状と変遷などをみることにより生活経営組織のあり方について考えてきた．コレクティブハウジングの核はコモンミールにあるといわれる．それは，万人にとって食事は必要なものであり，外部化，共同化しやすいと同時に，食事をともにつくる場合も食べる場合も，そこからコミュニケーションが生まれ，人間関係が広がる可能性ももつためであろう．したがって，地域に開かれた食事会などの「共食」事業も有意義な活動であろう．しかし，食事以外にも，個別家庭ではいかんともしがたい課題が山積している．例えば，子育てである．働きながら女性が子育てをするためには，保育所は待機児童であふれ，男性は育児休業を取りにくい状況などから，母親（老親）などの助けを借りなければ難しい状況が続いている．高齢者の介護なども同様で，介護しながら仕事を続けるのが難しく退職を余儀なくされることが，貧困の温床にもなっている．また，一戸建てを高齢者夫婦や独居高齢者が維持管理していくことも難しく，そういった高齢者をターゲットとした悪質商法についての報告も後を絶たない．今こそ，地域において生活を助けあうようなシステムが必要なのである．

それではどうやって解決したらよいであろうか．地域には，様々な素晴らしい活動を行っているNPOやボランティアグループなどがある．しかしながら，その情報は行き渡っているとはいえない．したがって，地域の人々とそれらの活動や活動を担う人々を結びつけるコーディネート機能が必要なのではないだろうか．前述した北海道栗山町の地域通貨の事例のような実践も出てきているが，国や自治体をあげて取り組むべき課題ではないだろうか．

少子高齢化，世帯規模の縮小，地域社会における関係性の弱化などから，家族や地域における助け合いが成り立たなくなり，意識的に協同して生活をつくりあげる必要性が高まってきた．日本においては，コレクティブハウジングのような暮らしをともにつくりあげていく協同居住の歴史は幕を開けたばかりである．居住者の「豊か」な生活を支える協同居住，さらには地域において緩やかかつ個々の生活を確実にバックアップするようなシステムづくりが急務であり，そのシステムにおいてはコーディネーター機能が重要であるといえよう．

注

1) 2人以上の者が同一目的のもとに力を合わせることを協同とする．したがって協同居住とは，複数世帯の人たちが，協力できる部分を協力しあうことで成立する住まい方を指す．
2) それぞれの事例により共用空間の中身は異なるが，本稿において取り上げる「かんかん森」には，大きなキッチン，ダイニング，ソファなどがあるくつろいだ空間，ランドリールーム，菜園，ゲストルーム，木工テラス，図書コーナー，キッズコーナーなどがある．
3) 家賃の徴収や退去審査等については，民間の住宅管理会社に委託している．
4) 2004年には居住者による英会話教室が開かれ，2005年には映画好きな人たちが週末などにコモンスペースで一緒に映画を観る「カフェグループ」が活動していた．イベントは入居者の変動により頻度が変わるが，近年は多く実施されているようである．
5) 筆者実施の2003, 2004年のインタビュー調査，2009年のヒアリングによる．
6) 第1回は2002年3月，第2回は2003年5月，第3回は2004年8月に，日本女子大学櫻井氏，住宅総合研究財団岡崎氏と共同で実施した．
7) 筆者は，「かんかん森プロジェクト」に居住希望者として2001年からかかわり，2003年6月のオープンから2006年3月まで「かんかん森」で生活した．その生活のなかで聞き取ったこと，得た情報なども分析のための資料とする．
8) 「NPOコレクティブハウジング社」がコーディネーターとして，立ち上げから軌道に乗るまで強力にサポートした．ハード面の相談や居住者間トラブルなどに対して，第三者として，専門家として対応した．現在は前述のとおり，「株式会社コレクティブハウス」（CHI）がコーディネートを行っている．
9) http:www.npo-kc.net/jigyoannnai/jigyo01_shikumi.htm

〔嶋崎東子〕

文献

株式会社コレクティブハウスホームページ　http://ch-i.net/index.html
小谷部育子，1997，『コレクティブハウジングの勧め』丸善
小谷部育子，2004，『コレクティブハウジングで暮らそう─成熟社会のライフスタイルと住まいの選択─』丸善
御船美智子，2007，「生活創造のフロンティア」大沢真理編著『生活の共同─排除を超えてともに生きる社会へ─』，pp. 61-83，日本評論社
大沢真理，2007，「いま，なぜ『生活の協同』なのか─排除を超えてともに生きる社会へ─」大沢真理編著『生活の共同─排除を超えてともに生きる社会へ─』，pp. 3-28，日本評論社
嶋崎東子・赤塚朋子・久保桂子，2005，「『日暮里コミュニティ』における生活のあり方と世

代間交流」,『生活経営学研究』, No. 40, 22-27
嶋崎東子, 2009,「ワーカーズ・コレクティブとコレクティブハウジングにみる新しい共同性―『生活の社会化』の下に生じる社会的排除に対抗するための一考察―」,『旭川大学保健福祉学部研究紀要』, 第1巻, pp. 19-27
竹井隆人, 2007,『新たな「共同性」を求めて―集合住宅と日本人―』平凡社

▷ 4.2.2　地域通貨によるコミュニティデザイン
　　　　―できることのネットワーク化―

a.　貨幣を見直す
(1) 競争経済と協働経済

　現代社会の生活困難の原因の1つに，市場経済の過剰な台頭がある．競争的な市場経済や，グローバル・カジノと呼ばれる投機的な「お金」に翻弄されて，家族や地域の血縁・地縁は分断され，伝統的共同体は力を失い，個人は孤立してきた．しかし1990年代以降，このような状態を脱し，孤立を再び生活の共同へとつなぐ媒体として，地域通貨が登場した．日本でも，地域（コミュニティ）通貨を触媒に市場経済に埋もれていた自発的な協働経済・贈与の経済が，活性化している．本稿では，生活の協働をつくる1つのツールとしての地域通貨の可能性，それが生活経営にもたらすものについて考える．

　地域通貨とは「特定の地域やコミュニティで利用できる価値の媒体」である（嵯峨, 2004：5）．コミュニティ (community) の語源は，"お互いに贈り物をあたえあうこと" であり，"cum" は "together（共に，一緒に）" "among each other（お互いに）" を，"munus" は "gift（贈り物）" または "give（贈与する）" を意味しているとされる（リエター, 2000：201）．

　図4.6は「お金」を国家通貨（法定通貨）と補完通貨（地域（コミュニティ）通貨）に2分して示したものである．円やドルなど法定通貨は，国内のあらゆる商品やサービスの購入に利用でき，現地通貨と交換すれば世界中で通用する．それは，国家通貨は利潤追求の競争経済に結びついているからである．他方，地域通貨は，自分たちでつくり，自分たちが支えることで成立する価値の体系に基づいており，目的に合った利用や循環をデザインし，人と人の関係をより密接につなぐことのできる貨幣である（嵯峨, 2004：22～24）．国家通貨が利潤の追求や競争経済を形成するのと対照的に，地域通貨は参加している人の信頼や協働経済，ソーシャル・キャピタルの形成につながる．

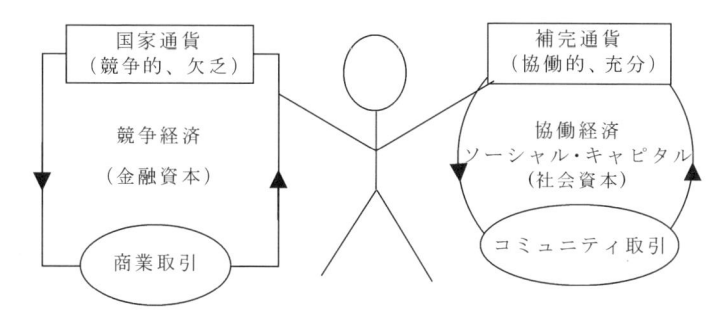

図 4.6　競争経済と協働経済
注：［ソーシャル・キャピタル］は重川が挿入．
出典：ベルナルド・リエター，2000，『マネー崩壊』，p.169，日本経済評論社

(2) 地域通貨について

　表4.2に現在までに日本をはじめ世界各国で流通している地域通貨の主なものを示す．ここにみられるように，大きくは時間預託・貯蓄システム，地域交易システムに分けられ，形式，発行主体，流通の範囲などについても多様である．

　ここでは地域通貨をその形式によってではなく，地域通貨の循環によって実現される価値に着目して「時間資源の捉え直し」「地域資源の活性化」「社会資源の創出」の3つに分類して説明を試みる．

　「時間資源の捉え直し」では，① 価値の尺度である地域通貨を用いて個人の社会貢献を評価し，サービスの提供者だけでなく，社会から役に立たないといわれる受け手が事業に主体的な参加を促進した事例をとりあげる．

　「地域資源の活性化」では，不況にあえぐ地域で ② 交換の媒体である地域通貨を流通させ，住民相互の交流・かかわりを深め，自分たちの住む地域への帰属意識センス・オブ・コミュニティを喚起し，経済活性化を実現した事例を示す．

　「社会資源の創出」では，市場経済と非市場経済，営利活動と非営利活動をむすび参加と協働によって ③ 社会的な価値を保存し持続可能な社会の実現といったコミュニティの目標を達成していく事例を示した．

4 参加と協働でつくる生活経営の組織

表4.2 おもな地域通貨システム

形式	時間預託・貯蓄システム		地域交易システム				
	口座変動形式	紙幣型形式	口座変動形式		紙幣型形式	借用証書形式
			通帳型	小切手型			
発行主体	登録会員のみ	発行事務局	個人(登録会員のみ)		発行委員会／事務局	個人
値決めの方法	すべてのサービス1時間を1点と換算		交渉による値決め		交渉による値決め／市場により決定	
流通範囲	メンバーコミュニティ内				地域内	システムによる制限なし(運営側による制限可)
国内の実践例	NALC(全国)	ボランティア労働銀行(全国)だんだん(関前町)	ピーナッツ(千葉市)ガル(苫小牧市)yufu(湯布院町)		おうみ(草津市)r(東京都)	WAT清算システム(全国)えどがわっと(東京)yufu(湯布院)
海外の実践例	タイムダラー(アメリカ)・時間銀行(イタリア)		交換リング(ドイツ)	LETS(イギリス)SEL(フランス)交換リング(スイス・ドイツ)	イサカアワーズ(アメリカ)RGT(アルゼンディン)トロントドル(カナダ)	トラロック(メキシコ)

泉留維作成の表を一部追加・修正.

b. 地域通貨の事例

(1) 時間資源の捉え直し―相互扶助の【時間通貨 ゆず】を中心に―

　時は金なり．様々な有償労働・無償労働が私たちの生活を支えている．福島市御山地区の「時間通貨ゆず」をとりあげてみよう．

　時間通貨ゆずは，2003年から導入された．地域内で一人暮らしや夫婦のみの高齢者世帯が増加し，高齢者が精神的な孤立感を深め，通院や買い物など日常生活でも困難な問題が発生したことを契機に開始された．

　①園芸・庭仕事，②介護，③裁縫，④子育て，⑤事務，⑥社交，⑦趣味，⑧趣味・学習の指導，⑨修理・修繕，⑩洗濯・アイロンがけ，⑪掃除，⑫送迎・運搬，⑬買物・お使い，⑭留守番，⑮料理の15分野，70種類のサ

ービスメニューが用意されている．これらのサービスメニューをもとに提供者と需要者の調整を行う．会員同士は月一度開催される定例会で内容や日時を予約しあい，サービスを受けた際に，「ゆず」の裏面に日時，内容を記載し支払う．事務局機能は，「NPO法人まごころサービス福島センター」が担い，会報で活動状況情報を発信し，交換を活発化させ，コミュニティの活性化を図る．サービスメニューのなかでは車での送迎の需要が最も多い（本田勇人，TTF NEWSLETTER, No. 27, 2004. 9）．

このような時間資源の交換を通じて生活の困難を解決し，生活を回復させる試みには歴史がある．時間を介した相互扶助の草分けである「ボランティア労力銀行」（現：ボランティア労力ネットワーク）は1973年，生活評論家水島照子氏によって創設され，大阪を中心に日本全国に広がった．

また，「ボランティア切符制度」（現：ふれあい切符）は，1991年法務省の官房長であった堀田力氏がさわやか福祉センターの活動スタートに着手したときに創設された．「ふれあい切符」は，介護並びに家事援助及び精神的援助を行った場合，その行った時間または点数を特定の財団に登録し，預託者本人またはその両親その他一定の者が介護等を必要とするとき，預託した時間または点数を用いて介護等を受け取ることができる制度である．今日までに広く全国に広まり，互助型在宅福祉サービス活動としては，社会福祉協議会，生協，農協，市民団体など様々な主体が，紙券，通帳，チップ，時間預託，有償ボランティア制，または両者の選択制を通じて助け合いのシステムを運営している．

(2) 地域資源の活性化―減価し流通する【まちだ大福帳　はな】―

経済的危機，不況にあえぎ，お金が廻らないときに，地域経済を活性化させるツールとして地域通貨が用いられる．

東京都町田市を中心に流通する「まちだ大福帳」，地域通貨「花」の特徴は，減価することと商店街で使えることである．地域通貨の流通は2001年に開始された．年会費一口1200円，「花仲間」は顔のみえる関係づくりを目指している．大福帳に名前を書き，何をしたか，何をしてもらったかを大事にして，お助け内容を記入する．2005年には，商店街活性化啓発モデル事業まちだ地域通貨事業推進協議会の協力団体として，紙券の実験として，地域通貨「500hana券」1550枚を発行した．2005年8月1日より11月15日の間に原町田地区（59事業所）で，hana券は平均2.28回，商店と地域住民の間をぐるぐ

るまわった．地域通貨ではこの速度が重要である．ボランティアや防犯パトロール，国際交流，団体の事務手伝い，田んぼの草取りや野菜の収穫期の手伝いなど援農などで手に入れた通貨は，商店での利用が6割を占めた．また，ボランティア利用4割と個人間のサービスにも使われた．2008年には新しい通帳をつくり活動を行っている．

「まちだ大福帳」は後述するNHK番組「エンデの遺言」を見て共感したKさんが仲間2人と立ち上げた，身近な地域通貨の例である．貨幣を貯蔵の手段ではなく，交換手段として使用することが大切であると考えている．利子はお金持ちが有利になり，競争社会を助長する．減価する貨幣を提案したシルビオ・ゲゼルの理論にそって，地域通貨の多くは，利子がないか，マイナス利子を採用する．お互いに助け合い，分かち合う共生社会に向かう減価する（一定期間内に使われない場合に価値が減じられる・期限をつける）地域通貨を循環させることにより地域の経済活動を活性化させる．事務局は市民が任意に担っている．

(3) 持続可能な社会とエコマネー

通商産業省のキャリア官僚であった加藤敏春は1997年から「エコマネー」を提唱し，『エコマネー：ビッグバンから人間に優しい社会へ』，『エコマネーの新世紀』，『あたたかいお金エコマネー』などを発表した．エコマネーには利子はつかず，リセット方式，減価方式で流通を促進する．加藤氏によれば，エコマネーの究極のねらいは，利子の付かない「互酬」の通貨としてエコマネーを登場させて「信頼」の回復によりコミュニティを再生し，その適応範囲を貨幣経済にまで拡大して，各地域で「持続可能な社会」を構築することである．北海道夕張栗山町「くりん」，兵庫県宝塚市「ZUKA」はエコマネーの事例である．一方で地方財政の悪化が地域通貨への期待を高めた．2005年3月日本国際万国博覧会（愛・地球博）では，加藤を中心に博覧会共催事業の一つとして「環境通貨実験事業（EXPOマネー）」が実施された．

1999年，日本中で地域通貨は，"燎原の火"の如く広がった（加藤，2002：269）．直接の契機は，NHK–BS1が1999年5月放映した番組「エンデの遺言」とそれをもとにした『エンデの遺言』『エンデの警鐘』の出版である．『モモ』や『ネバーエンディングストーリー』で知られるミヒャエル・エンデが，死を前に語ったメッセージは，貨幣経済なかでも金融システムが，持続可能性を否

定し未来を奪っているとの指摘であった．『エンデの遺言』では，シルビオ・ゲゼルの減価するお金の思想，イサカアワー，交換リング，スイスのヴィア銀行．『エンデの警鐘』では，千葉県千葉市のNPO法人街づくりサポートセンターの「ピーナッツ」，滋賀県草津市の地域通貨は地名からとった「おうみ」，大分県湯布院「yufu」やゲゼル研究会の森野栄一氏の論考も掲載された．

アースディマネーの代表者嵯峨生馬は，企業が賛同するNPOに対して地域通貨を寄附するコミュニティウェイを提唱する．NPO・住民・行政の三者協働，運営主体などを担っているNPO，NGOなどを組み入れた経済循環として協働経済を捉えようとしている．東京都千代田社会福祉協議会がセンターとなる「ちよだボランティアクラブ」では企業の社員のボランティア活動を，地域通貨で換算し，同額の寄附を企業から得ている．

c．地域通貨が生みだす参加と協働の生活経営
(1) 自分ができることを提供し参加する

1995年1月17日早朝，兵庫県南部を襲った阪神・淡路大震災では，亡くなった方6434人，ゆくえ不明3人，負傷者4万4000人，全半壊46万世帯であった．1年間で138万人のボランティア活動が活発に行われ，被災地で活動した7割以上は30歳未満であり，7割弱はこの災害ではじめてボランティア活動に参加した人だった．子どもも，高齢者も，障害のある人も，被災した人たちも自分たちでできることを必死で探した．災害時の自発的な行動をいかに組織化するか．人間関係をバックアップし，復興をささえるか．現実的で，市場経済では解決できない課題がつきつけられた．

震災から10年が経過した神戸で，産学官民がよりあった参画と協働で，地域再生とネットワークをテーマとして，地域通貨国際会議（2004年12月）が開催された．新しい学問の創出も含めたプロジェクトとの意味もあり，地域づくり活動団体（NPO等）関係者60人，大学関係者45人，行政関係者42人，小学校・中学校・高等学校（教諭・生徒等）36人，企業23人，その他60人が参加し，運営ボランティア参加者約50人，ボランティア総数は130人となった．参加者は参画して，つながっている感動を味わった．

地域通貨は，目的をもって，志のある人のネットワークをつくる，連携の「ツール」として機能している．行政，NPO，学校といった枠を越えて様々な

人間を関係性の渦の中に巻き込み，目的やビジョンを共有する仲間をつくり，すべての人が対等に参加し，自分ができることを提供し，努力の成果を共有する．

(2) コ・プロダクション (co-production：協同生産) する

さて，このような地域通貨の循環は何を生みだしたのだろうか．地域通貨であるタイム・ダラーでは，コ・プロダクションとして説明している．地域通貨がかかわりを報酬化することで何が生みだされたのか，「資産の再定義」「仕事の再定義」「相互扶助」から次のように整理できよう．

1つには「資産」の捉え直しである．時間通貨を交換することによって，物資の所有やエネルギーの大量消費を前提とした20世紀的価値観のもとでの時間資源の使い方（より早くより多く，効率的にという）から脱して，生活者による新たな時間価値の創造の可能性がみえてくる．豊かな関係性を築く媒体としてこれまで死蔵されていた「時間」という資産が使われ，交換される．このような社会では，これまでの近代仕会における金銭や物資の所有に替わって「時間」を豊富にもつことがステータスにつながっていく．これまで，社会的弱者とされてきた高齢者も時間資源の豊富な存在としてまた新たな価値が見出されることになるだろう．

2つ目には「仕事の再定義」がある．産業化の影響を受けて，より早く多くのものを生産することに大きな価値がおかれた社会では，人々は効率を追求する大きなシステムの中に組み込まれ，生活維持のための労働は，市場価値を生む生産（有償労働）と，ちょうどその影の部分として市場価値を生まない無償労働とに2分されていた．同様に，経済活動も営利／非営利，あるいは貨幣経済／非貨幣経済と画然と分けて考えられてきた．しかし，貨幣的な価値に代わって非幣的な価値を生みだす時間の循環を通して，「仕事の再定義」が行われる．健康な子どもを育てる，家族を守る，地域の活性化や安全に尽くす，弱くて傷つきやすい人々を思いやる，不正行為を取り除く，デモクラシーを実践する，これらのすべてを「仕事」として再認識する社会関係が構築される（カーン，2002）．

3つ目の「相互扶助」は，「事業において，恩恵を受ける側も，それを与える側も同等であること」を前提に，「サービス受益者が，サービスの提供自体に参加し，関わるようにすること」である（カーン，2002：44-45）．地域通貨

は，生産活動に従事したひとが，報償を受けとることができる仕掛けである．仕事に従事したひとは，助け，助けられる，支え，支えられ，協働する関係にある．そのシステムが地域通貨で明確になる．

　貨幣経済（市場経済）と非貨幣経済（非市場経済）に分けたときに，非貨幣経済が根源的な経済であると考え，地域通貨によって非貨幣経済を再生しようとする．①時間資源を評価し個人のもてる潜在能力を引き出す，②循環・交流を促進し共同体意識を高め地域資源を活性化する，③人と人，組織と組織の連携を深め，持続可能な社会の形成に寄与する．大きくは，地域通貨は，国家通貨の競争経済を補完して参加と協働によって生活の価値を実現し，日常生活で人々が排除されず，参画して「足るを知る」生活の組織化をする可能性とプロセスをもつといえる．

(3) 能動的な生活経営と地域通貨

　欧州共通通貨ユーロの誕生にかかわったベルナルド・リエターは，『マネー崩壊』（2000：26-27）のなかで，外国為替市場で1日に取り引きされる金額の98％は投機的なものであり，すべての先進工業国が1日に算出する全商品・サービス実体のある取引はたった2％であると指摘している．地域通貨は，2％の実質的なコミュニティ取引や自発的な絆に力を与える通貨である．

　地域通貨に参加し，それを通じて地域の人々と協働する，地域に開かれた生活経営の活動は非市場経済，ボランタリーな経済を支え，支えられる．また，そればかりでなく，協働することで多様な生活や価値と出会い，その多様性が成り立つ資源や社会をつくりだす．これらの運営もまたボランティア団体やNPOなど生活経営主体がになう．2000年〜2004年の地域通貨ブームともいわれる活性化した状況は一段落し，地域通貨を原型にして実質的には，電子マネーやSNSとのつながりなど新しい動きが始まっている．

　地域の多様な価値によって人と人の絆を結び，国家通貨・法定通貨にはなじまない価値を評価し，コミュニティ再生や地域経済活性化を実現する可能性をもつ地域通貨は，今後も，受益型消費に陥らない能動的な生活経営に役立つと考えられる．

〔上村協子〕

文　献

ディビッド・ボイル，松藤訳，2002，『マネーの正体―地域通貨は冒険する―』集英社

(株) ぶぎん地域経済研究所編著，2003，『やってみよう地域通貨』学陽書房
廣田裕之，2005，『地域通貨入門―持続可能な社会を目指して―』，pp. 92-187，アルテ
エドガー・カーン，ヘロン久保田雅子・茂木訳，2002，『この世の中に役に立たない人はいない―信頼の地域通貨 タイムダラーの挑戦―』創風社出版
金子郁容・松岡正剛・下河辺淳，1998，『ボランタリー経済の誕生―自発する経済とコミュニティ―』実業之日本社
加藤敏春，2002，『エコマネーはマネーを駆逐する―環境に優しい「エコマネー資本主義」へ―』，pp. 268-389，勁草書房
河邑厚徳他，2000，『エンデの遺言―根源からお金を問うこと―』，pp. 1-50, 247-258，日本放送出版協会
小西康生編著，スティーブン・デイビスほか著，2003，『LOCAL CURRENCIES ―その現状と課題―』，pp. 102-103, 125-236，神戸大学経済経営研究所
ベルナルド・リエター，小林一紀他訳，2000，『マネー崩壊―新しいコミュニティ通貨の誕生―』，pp. 153-198，日本経済評論社
丸山真人他，2001，『なるほど 地域通貨ナビ』，北斗出版
西部 忠，2002，『地域通貨を知ろう』，pp. 63-79，岩波書店
岡田真美子編，2008，『地域再生とネットワークツールとしての地域通貨と協働の空間づくり』，pp. 18-29，昭和堂
大沢真理，2007，『生活の協同―排除を超えてともに生きる社会へ―』日本評論社
嵯峨生馬，2004，『地域通貨』，pp. 206-217，日本放送出版協会
坂本龍一・河邑厚徳，2002，『エンデの警鐘―地域通貨の希望と銀行の未来―』，pp. 10-14, 16-17，日本放送出版協会
重川純子，2004，「生活経済と地域通貨」『生活の経済』放送大学教育振興会
島田 恒，2005，『NPOという生き方』，pp. 126-135，PHP研究所
渡辺 深，2008，『新しい経済社会学―日本の経済現象の社会学的分析―』，pp. 83-119，上智大学出版

▷ 4.2.3 女性農業者のエンパワメントを通したネットワーク形成と生活経営

　女性農業者は農業就業人口の54％（2008）を占め，経営主と同じように農業労働に従事してきた．そこでは，経済的地位の確立を通したペイドワークとアンペイドワークの問題の克服やパートナーシップ経営構築が課題としてあげられる一方，農業の衰退・過疎化・高齢化等をかかえた農村社会の再編成の担い手として，女性農業者個人と地域との相互関係（靍，2007）の構築にも注目が寄せられてきている．本節ではこれらの視点を基盤におきつつ，岩手県O市の女性農業者グループの事例を通し，第1に地域における活動組織が女性農業者のエンパワメントをどのように育成していったのか，第2にその組織にお

ける活動が家族および生活経営にどのような影響を及ぼしたのか，とくに家族が地域活動のパートナーとして参加していく過程，第3に当初の組織が地域をこえたネットワークを形成し発展していく過程，第4にこれらを可能にした条件を考察するとともに，今後の課題を検討したい．

a. M地方における女性農業者の育成とその背景

1990年代に入り，「農山漁村の女性に関する中長期ビジョン」(1992)をはじめ，「農林水産業・農山漁村における男女のパートナーシップの確立について」(1998)，「食糧・農業・農村基本法」(1999)など，国や地方自治体において男女共同参画にかかわる施策が出されていった．これらの施策は，生活改善運動や農協婦人部等における長い活動の歴史をもつ女性農業者の活動を支えてきた農業改良普及所や農協等の事業と連携しながら，エンパワメントや様々な資源へのアクセスの機会を提供していこうとするものでもあった．本節で事例としてとりあげるのは，この時期に生まれた岩手県O市の「M地方女性農業者担い手塾」メンバーを中心とした活動と，そこから展開されたネットワークである．

b. 組織の形成と個人のエンパワメント

女性農業者担い手塾は，農業改良普及所が地域の女性農業者を対象に立ち上げた講座から出発している．普及所では，前年の1991年に20歳〜40歳の女性農業者を対象に「生き生きあぜみち講座」を開設し，生活技術の普及を行ったが，対象の年代が幅広く，年代によるニーズの違いに気づいたという．そこで，翌年に対象を絞り，「専業農家で夫婦で農業に従事している40歳代の女性」15名を対象に，農業経営を主体とした「M地方農業担い手女性塾」を，地域活性化調整費事業として2年の期限で開塾したのが始まりである．

主体的な女性農業者をめざすネットワークづくりを通し，個人がエンパワメントすることをねらい，初めのステップとして用いられたいくつかの手法のうち，とくに注目されるのは名刺づくりとエッセー集の発行である．インタビュー調査において，「名刺をもつことで，生き方が変わった」との発言が多くのメンバーからなされた．名刺の裏には各自の経営内容が刷り込まれている．農政関係者幹部をはじめ，社会で様々な活動を行う人々との名刺交換を通し，自

分の名刺をもつことでの自意識の芽生えとともに，農業に対する職業意識の確認がされていった．名刺をもったメンバーは，農業へのこだわり，将来の夢，自分の生き方などを話し合うなかで，その想いを活字に残すエッセー集を作成している．自己表現の場であり，現在の自分をみつめ，これからのライフスタイルを考える機会にもなったという．農業専門技術アップ研修，経営診断・分析・設計などの経営スキルの習得，地域農業への発信として県農政部長・振興局農林部長との懇談，産直活動，ふれあい市開催などの研修と経験を重ね，女性農業者としての技術や自立力，リーダー力の育成がはかられた．

農業改良普及所の事業として仕掛けられ誕生した女性塾は，2年後に独立し，メンバーは自主的な活動グループとして5000円の会費で会の運営を行っていく．主な活動は，男女共同参画イベントの開催，他地区農業担い手女性との交流，直売活動，農業技術・経営スキルアップの研修，起業研修，内外の様々な組織・団体との交流，情報発信事業などである．

c．行政によるきっかけづくりとサポート

先に述べたように，女性塾は生活改良普及事業として行政によるはたらきかけが端緒として生まれたものである．農家から女性が社会にでていくことに批判的な慣習や環境下においては，家族の理解が不可欠である．女性塾の立ち上げにおいては，生活改良普及員が農家を回って参加を打診し，市町村からの推薦という形で実現できたものであった．女性塾の開催通知が普及所から家庭に届くことで，家族の抵抗が緩和されたという．農村における行政のバックアップ効果は大きく，地域の特性に応じた根回しやしかけがカギとなっていたことが示唆される．特に女性が家をあけて外にでにくい農村の環境下において，普及員によるしかけとサポートがきわめて大きな原動力となっていた．

ここにおいて，普及員のOさん（以下，O普及員）が中心的なキーパーソンとなっていたことは看過できない．女性塾の活動内容は，塾生が検討し，年間計画を立て，役割分担をしながら運営していくという形式がとられていた．こうした手法を含め，そこでは，普及員が夫妻のパートナーシップによる男女共同参画のライフスタイルを実現できる「主体的な女性をつくる」ことを明確な目標として掲げ，2年間でエンパワメントとネットワーク形成の基礎力を育成する方法やアイデア，機会を計画的に豊富に提供することで，高い効果をあ

げることができたといえる．O普及員によると，女性塾メンバーのターゲットを「夫妻が専業で農業を行っている40歳代の女性」に絞ったのは，「講座の内容に夫婦で集まる機会をつくりたい」と思ったからだと回顧している．女性農業者のエンパワメントが，女性の課題ではなく，女性と男性の関係性を包含する課題であることへの認識がよみとれる．普及員の問題把握能力と人材育成・組織形成に対するビジョン，計画性，実行力，適切なはたらきかけといったパーソナリティの力量によるところが大きいことを感じさせられた．

d. 組織と生活経営

個人のエンパワメントの過程において，家族のパートナーシップ形成の必要性を自覚するようになったメンバーは，個人だけでなく組織全体で家族へのはたらきかけを行いながら，家族経営協定を締結し，夫とともに地域活動を行うようになっていく．このような夫や家族を巻き込んだ活動の展開には，伝統的な風潮や慣習のなかで家族の協力を得られるような様々な準備がみられた．ここでは，それを促した女性塾の役割や，家族の力を引き出すまでの「しかけ」を探りたい．

(1) 家族へのはたらきかけ

女性塾では，初期の活動において，我が家の作目を背景に，簡単な自己紹介を添えた顔写真入りの女性塾マップを作成している．写真を家族にとってもらうことで，家族へのはたらきかけの糸口が意図され，農業経営のパートナーとしての認識を喚起する効果もあげていた．また，マップの作成を通し，社会における女性塾の位置づけの意識化にも効果があったようである．次に，女性塾のメンバーは，塾が企画したパーティに夫を招待している．互いにパートナーとして認め合うことをねらい，女性塾のエッセー集発刊記念パーティも夫婦同伴で行われた．このパーティがきっかけで，「パートナーに感謝する会」が毎年開催されるようになる．その後，夫たちが「女性塾に感謝する会」を開催するなど，家族ぐるみの付き合いに広がり，経営をはじめ様々な情報交換や苗の交換など，家族どうしのネットワークも形成されている．妻の側も，夫が地域の団体や自治体の催しに多忙な家業を抜けて出て行くことへの不満が，大きく変化したという．女性塾結成5周年記念行事として，県内の女性農業者に呼びかけた集いでも，パートナーたちが駐車場係りや弁当配りなど様々な役割を支

え，行事を成功させている．家族とともに自分もまた変化しながら，パートナーシップ形成を深めていく様子がみられた．

(2) 生産のパートナーシップから生活のパートナーシップへ

経営への参画に際しては，夫と同等の作業を分担し，トラクターの免許も半数が取得している．メンバーの大半が簿記記帳を学び，青色申告を実施し，転作田には花や野菜を栽培するなどの転換をはかっている．これらのスキル取得や情報提供については，普及センターを中心とする行政の資源が活用されており，行政のサポート体制も鍵のひとつであったことがわかる．

一方，女性農業者には，家事労働を中心としたアンペイドワークを担うのみならず，生産労働である農業労働に従事しながら報酬を受けとっていないという二重のアンペイド問題が存在し，農業者年金への加入ができず，個人の資産形成ができないなどの問題にもつながっていた．これらを解決する手段の一つとして打ち出されたのが，家族経営協定である．同協定が積極的な施策として打ち出されたのは，1995年の局長通達「家族経営協定の普及推進による家族農業経営の近代化について」以降で，地方公共団体，農業委員会，普及センターなどの関連機関が連携して普及を図ってきた．いうまでもなく，女性や後継者などを含む農業経営に携わる構成員の役割，就農条件などを明確化した協定として，その内容は，報酬，就業条件，経営参画，資産形成，社会参画，ペイドワークとアンペイドワークの評価と分担など多岐にわたり多様である．農業経営のパートナーとしての力量をつけていきながら，女性塾のメンバーは「全国農山漁村女性の日」に参加し，女性も農業者年金に加入できることを知ったという．その加入要件の一つが家族経営協定を結ぶことであった．10年の間にメンバーの大半が家族経営協定を締結していった．

(3) 家族とともに参画する新たな地域活動への展開

女性塾のメンバーの1人は，家族経営協定を経て，地区で第1号の農業者年金加入者となり，このことが広報に掲載された．それにより，複数の他地区から家族経営協定の話を依頼され，夫と2人で普及活動を行うようになる．協定を結んだ他のメンバーの多くが，同様に，夫とともに地域での活動を展開しているのが特徴的である．

e. 組織から新たな組織へのネットワーク展開
(1) 組織の運営・活動を通した情報や経験の取得
　女性塾では，塾の代表，副代表は持ち回り制をとり，全員が責任者を経験していくなかで，リーダーとしての能力やスキルアップがはかられていた．また，いずれの活動においても，企画・立案，資金調達，運営をすべてメンバーで行うという原則が徹底されていた．女性塾を仕掛けたO普及員は，メンバーに対して，地域外の研修機会や国際交流の情報提供など，リーダーとしての自信とスキルアップの機会を提供していった．東京での研修や農水省の訪問，「農山漁村婦人の日記念の集い」の参加を通した全国の女性農業者との出会いは，農業に生きる自信と誇りを得ただけでなく，様々なリーダーとの出会いにより，外部からの刺激と学びを得ていったという．

　1996年にはヨーロッパ（ドイツ・フランス）へ研修にでかけ，パートナーシップの農業経営の視察を行っている．海外研修は農業や生活経営への示唆を得ただけでなく，海外からのホームステイの受け入れや海外交流の活動につながり，視野を広げると同時に，その活動が知られることで，次の活動機会への契機となっていった．その後，女性塾をモデルとして，県内で新たな女性農業者組織が誕生していくことになる．

(2) 新たな組織への展開と広域ネットワーク
　女性塾のメンバーは，女性塾としての活動を進めていくなかで，それぞれが地区でのリーダーとなり，様々な活動グループをたちあげていった．農作物の生産，加工，販売の担い手としての起業という経済活動もそのひとつである．AさんはK地区でヘチマを栽培し，グループをつくってヘチマ化粧水の商品開発に取り組み，事業を成功させている．畜産を利用したコロッケで起業したBさんは，中山間事業で国・県からの補助金を申請し，店をオープンさせた．Cさんは，夫が牧場経営をする牧舎のそばに牛肉レストランを開業し，仲間を募り，経営を行っている．また，女性塾のメンバーはそれぞれ，地区の生活研究グループにも入り，地区の直売所の運営に携わったり，ボランティアグループをつくって活動している人もいる．継続してきた農業では，経営責任を担うパートナーシップの農業経営への展開も行われている．

　これらの流れをみると，各自が地区にもどって複数のグループや活動にかかわるなかで，多様な形態をとりながら，自己を確立し，仕事を生み出し，家族

との関係を構築し，地域をかえていく主体となるうねりを生み出していった様子がうかがえる．

このように，女性塾の特徴の1つは，広域ネットワークである．M地区，K_1地区，I地区，M地区，K_2地区を擁する広域メンバーからなる活動組織において，全員がリーダーとして成長し，メンバーが各地区で新たな仲間をつくり，個別の活動を行っていった．その一方で，女性塾としての活動を継続していくことで，活動の幅が広がり，リーダーどうしの情報交換や支えあいの拠点にもなっている．Aさんは，「広域だから話せる仲間，広域だから聞かせてほしい仲間」と文集に記している．本事例では，小さな地区を超えた広域ネットワークにおけるエンパワメントが，地区活動に還元され，そこでの活動が広域ネットワークにフィードバックされ，エンパワメントの道筋となっていく様子が読み取れた．

また，女性塾での活動が地域に認知されたことで，各地区の意思決定機関への参画への道が開かれた点も特徴的である．様々な講師として他地域からも招かれるなど，ネットワークの広がりの契機が生まれている．それぞれの地区のリーダーとなったメンバーは，農業委員会の傍聴や研修を重ね，農業委員に女性を送るための取り組みに着手し，仲間をつくり，他地域での情報を収集し，関連部署や意思決定機関への働きかけを行っていった．初めは，他地域で成功した一日女性農業委員会の開催を実現させ，実績を重ねることで女性農業委員が誕生した（女性塾のメンバーも委員となっていった）．すると，選任された女性農業委員を囲んで懇談会を開催し，地域の声を課題化して届けるなど，女性農業委員を支援する体制づくりを同時に進行させたという．まさに，女性塾の立ち上げの2年間で育成したネットワーク形成を通した提案，計画，準備，運営，実施のプロセスを具現化したものと位置づけられる．

f．おわりに

以上の活動を通して，女性塾が果たした役割を簡単にまとめておきたい．1つめは，全員が役職や責任を経験するなかで，個人がエンパワメントするとともに，リーダーとしての能力を育成していく機能である．2つめは，生産や生活にかかわる地域内外の資源へのアクセスや情報を得る場としての機能である．3つめは，仲間とともに地域内外に出かけ，新たな出会いや研修を積む機

会を得る場としての機能である．4つめは，様々な活動をともに支えあう仲間とのパートナーシップ形成の機能である．5つめは，メンバー自身だけでなく，家族にはたらきかけ，家族とともにそれぞれの生活や生産のあり方を変え，さらにその活動を地域に展開していく道筋をサポートする，夫婦・家族のパートナーシップ形成の支援機能である．6つめは，ここを拠点にメンバーがそれぞれ各地域でリーダーとなって新たな組織を展開しつつ，その成果をフィードバックしたり，支えあったりできる広域ネットワークの機能である．とくに，生産と生活が不可分な専業農家経営において，5つめの機能は，他の機能と結びつきながら，家族経営協定を契機とした生活経営の新たな展開をネットワークによって実現していく可能性を示唆するものであった．女性塾という組織は，これらに際し，個人ではアクセスができなかったであろう様々な資源や情報に出会い，その利用方法を学び，運用のスキルを習得する場であり，家族へのはたらきかけを行い，それぞれのビジョンを達成するために協働する機能を果たしていたといえよう．女性農業者が，生産および再生産の拠点としての世帯を離れたネットワークにかかわるなかで，エンパワメントし，家族，特に配偶者に影響を及ぼしながら，生産および再生産の拠点における農業経営と生活経営の双方において，パートナーシップの形成を深めていく過程がみられた．そこには，自分とパートナーの地域への関心が深まり，社会参画を促す側面も組み込まれていた．また，本文では言及できなかったが，インタビュー調査において，「Cさんのレストランがあったから，いつでも自由にメンバーが集まれた」という場所の指摘がなされ，活動拠点の確保が重要な要件となっていたことを付記しておきたい．

　農村女性のネットワークを通した地域活動の展開を通して，明らかになった課題もある．まず，組織そのものが有する次世代の育成の問題があげられる．女性塾は同年代の女性のネットワーク組織であり，各メンバーがそれぞれの地域で新たな組織を立ち上げ活動しているが，この活動をどのように次世代につなげていくか，明確な道筋はまだみえていない．また，これらのネットワーク形成を可能にした行政のサポートシステムの縮小も，影響が大きいと考えられる．本節では，農村における行政の支援や人材育成が重要な要件の1つとして示唆されたが，普及関係職員の大幅削減など女性農業者支援，男女共同参画社会形成推進の位置づけが不安定になっていることが指摘されている．天野寛子

ら（2008）は，生活改善「グループ育成」によって育成されてきた女性農業者への支援の打ち切り，認定農業者の「妻」の地位が必ずしも向上していないことや，家族経営協定締結において女性の自立を支える経営参画や労働分担，労働条件，財産形成にかかわる評価と配分が必ずしも適正になされていないことなどをあげ，農業労働の適正評価よりも起業による活性化，儲けなど効果がみえるものの評価に特化する傾向を指摘している．

　本事例は，夫妻ともに農業にたずさわる専業農家が対象であるという限定や，行政による女性塾の仕掛けの巧みさ，とくにキーパーソンとなる人的資源（O普及員）のビジョンと力量による立ち上げ期の影響が大きいこと，女性塾メンバー各自が優れた能力を有していたことは否定できない．また，紙面の制約上，女性塾という組織が担った役割を中心に論じたため，個人，家族，地域のジェンダー規範の相克にたちいった分析（たとえば秋津他，2007）は別の機会に譲りたい．とはいえ，女性農業者のエンパワメントを通したネットワーク形成に，新たな生活経営の組織の展開の可能性を見出すことができたといえよう．

＊本稿の一部は，平成18年度〜20年度科学研究費補助金「家族の生活経営から市民社会と協働する家庭生活へ—地域生活力・生活公共の概念と実証—」（研究代表者　堀越栄子）」で実施した調査によっている．同調査では，安倍澄子教授・植田敬子教授（日本女子大学）にお世話になるとともに，多くのご教示をいただいた．ここに謝意を表します．
〔天野晴子〕

文　献

安倍澄子，1999,「農家の家族とジェンダー」日本家政学会編『変動する家族—子ども・ジェンダー・高齢者—』建帛社
安倍澄子，2001,「女性農業者の自立と農業者年金」『農業と経済』，Vol. 67, No. 12
秋津元輝他，2007,『農村ジェンダー—女性と地域への新しいまなざし—』昭和堂
天野寛子，2001,『戦後日本の女性農業者の地位—男女平等の生活文化の創造へ—』ドメス出版
天野寛子・粕谷美砂子，2008,『男女共同参画時代の女性農業者と家族』ドメス出版
原（福与）珠里，2009,『農村女性のパーソナルネットワーク』農林統計教会
岩手県農村生活アドバイザー協会，2004,『旬な女性たち』
M地方農業担い手女性塾，1995,『わすれな草』創刊号
M地方農業担い手女性塾，2002,『わすれな草』10周年記念誌
農林水産省，2008,『農業構造動態調査』

靏理恵子，2007，『農家女性の社会学—農の元気は女性から—』コモンズ

5 生活経営主体者が参画する新たな生活ガバナンス

5.1 生活者参加型の生活ガバナンス

　現代社会においては，福祉・医療・環境など自己の責任では処理できないものが増大するとともに，これまで個人的なものとされてきたケア，生殖，DV，身体といった生／生命にかかわる領域が公共空間の議論に登場せざるをえなくなってきた．それに伴って，生活経営主体の公共空間への参加を実質的に保障するしくみが必要になってくる．本稿では，ギデンズらの公共性やライフ・ポリティックスの議論を参考に，生／生命にかかわる領域を含む新たな公共性，それを取り上げる生活のガバナンスとは何か，さらには，生活のガバナンスにはどのようなしくみが必要かについて論じてみたい．

a. ガバナンスの登場と日本の現状

　政府が環境問題，貧困・失業問題，移民の増加といった複雑化する現代社会の課題に，十分対応できないことが鮮明になるにしたがって，1990年頃から欧米を中心に政府の機能，政府統治（ガバメント）の問い直しの動きが強まってくる．その中心は代表民主制と官僚制への批判である．このようなガバメントに代わって登場してきたのがガバナンスという考え方である．
　ガバナンスは多義的な概念ではあるが，おおよそ，政府と他のアクターとの新しい連帯・連携を統制する手法といった意味で使われている．和訳として「協治」「共治」が使われるように，そこでは，政府と他のアクターとの対等な関係や市民参加による新たな市民社会構築が目指されている．ガバナンス論の第一人者である中邨章は，ガバナンスには透明性，説明責任，参加，公平性の4つのルールが不可欠であることを強調しているが，そうした意味からも，ガ

バナンスは代表民主制・代議制デモクラシーを補完し，透明性・説明責任・参加・公平性を欠く官僚制の改革を展望するものである（中邨，2007）．

政治が，代表民主制，官僚制によって支えられている中央政府から，より国民に近いところに下りてくるためには，自治と分権が重要な課題となる．日本においても，ガバナンス論構築の議論は，まず地方分権改革として進行してきた．地方分権改革推進委員会が出した2007年の「地方分権改革にあたっての基本的な考え方」においてもローカル・ガバナンス構築の必要が述べられている．

しかしながら，この間のローカル・ガバナンスの構築の方向性を眺めてみると，国から地方自治体への権限委譲を行うための「受け皿」になりうる十分な行財政能力をもった自治体を，合併によってつくりだすことに専ら力が注がれており，地方分権改革に謳われている住民自治のしくみをどうつくるかの議論は不十分である．地方自治体の広域化は，財政の効率化を進めるという利点をもつが，その一方で，住民自身が身近な生活圏の問題解決に参加・参画する機会を奪うことになりかねない状況を生みだしている．グローバルな競争が激化するなかで，個人の生活のところではこれまでの政府や行政が想定しえなかった新たなリスクや生きにくさが生まれている．いま，表面的な行財政改革や掛け声だけでは終わらせられないほどに，新たな公共性，新たなガバナンスが求められているのである．

b．生活ガバナンスとは何か
(1) なぜ生活ガバナンスか

どういうガバナンスが必要かを考える前に，生活・暮らしの側が公共性を問う意義はどこにあるかを述べておきたい．

近代においては，政治・非政治は明確に分離されていた．政治・公共性の領域はきわめて限定されており，多くのものは私事化，すなわち自己の責任において処理されるものとされていた．しかし，福祉・環境・医療など自己の責任で処理できないものが増大するとともに，政治の対象は生／生命にかかわる領域を含むようになってきた．公共性から排除され，私事化されてきた育児・介護といったケア労働が制度化されたことでもわかるように，生活・暮らしの側の経験（それを体現した社会運動）が公共性に影響を与え，変容を促してきた

のである．齋藤純一は，今日の公共性の議論のなかで，新しい社会運動など「新しい価値判断を公共的空間に投げかける問題提起は，マジョリティとは異なった価値観（生命観，自然観，人間観）を維持・再形成してきた親密圏から生じることが多い」（齋藤，2000）と，私的領域・親密圏に政治的なポテンシャルがあることを述べている．

　アンソニー・ギデンズもまた，現代社会において個人の生活が政治の対象としてクローズアップされることを指摘し，これをライフ・ポリティックスと名づける．グローバル化や近代の徹底（ハイ・モダニティ）は，エコロジーと生活（環境倫理，科学技術をどう考えるかなど），生物学的再生産（生殖技術，胎児の権利をどう考えるかなど），暴力（DVや児童虐待をどう考えるかなど），あるいは身体（自分の身体にどのような権利があるかなど）といった問題群，言い換えると「ライフタイルの選択」の問題を公共空間の議論へと引き出すという（ギデンズ，2005）．さらに，ギデンズは，「ライフ・ポリティカルな問題は政治の既存の枠組みにうまく適合しないので，国の内部でもグローバルなレベルでも今までは顕著であったものとは異なる政治形態の出現を刺激するかもしれない」（ギデンズ，2005，p.257）ことを示唆する．

　生活・暮らしのなかで重視されてきた生／生命への配慮といった価値，あるいは個人的なものとされてきた生き方などの問題が，従来の公共性を問い直し，新たな公共性をつくる契機になることを述べたが，まさに生活・暮らしの側が公共性を問う意義はここにある．したがって，求められる公共性は，生活においてこれまで生活・暮らしのなかで大事にされてきた生／生命への配慮や生き方・ライフスタイルなどを，公共的価値に組み込んだものといえよう．この新たな公共性をつくりだすガバナンスを，ローカル・ガバナンスやコミュニティ・ガバナンスと区別して，生活ガバナンスと命名する意味もここにある．

(2) どのような生活ガバナンスが求められるか

　生活ガバナンスとは，生／生命への配慮や生き方・ライフスタイルなどの価値を組み込んだ公共性をつくりだすものと定義したが，ガバナンスとは公共性をつくりだす方法やプロセスであることを考えると，生活ガバナンスとは，生／生命の保障に関するニーズについて，誰の，どのようなニーズを，どのように社会的に承認し，どのように充たすのか，あるいは，そもそも何がニーズなのかをめぐる，公共空間における「ニーズ解釈の政治」であるといえる．

5.1 生活者参加型の生活ガバナンス

　齋藤純一は，ナンシー・フレイザーの「ニーズ解釈の政治」の叙述を紹介しながら，これまで「誰が」ニーズを解釈するかは問われることがなかったと，何がニーズであるかをめぐっては解釈の政治が存在することを指摘している（齋藤，2008）．事実，社会福祉におけるニーズは，行政・専門家といった第三者によって「客観的に」判断されることが自明であり，最も切実なニーズを抱える当事者がニーズ解釈の政治に参加することはまれであった．このことに配慮するならば，生活のガバナンスにとって，生／生命に関するニーズをもった生活経営主体がニーズ解釈の政治に参加する方法をどう用意しているかが重要になるといえる．

　もうひとつは，十分な議論を行える「場」を用意することである．ギデンズが指摘するように，ライフ・ポリティックスが含む生き方やライフスタイルの選択といった問題群は，異なった道徳観や生活観の対立を伴うために感情的な政治になりかねない．ギデンズのライフ・ポリティックスを援用して，新たな福祉政治を主張する宮本太郎は，そうした対立を乗り越えるためには「公共の討議空間」が必要であると指摘し，次のように述べる．「生活形成のためのデモクラシーは，デモクラシーの意味転換を伴わざるをえない．少なくとも地域社会においては，デモクラシーは，多様なアクターがライフスタイルのあり方について踏み込んだ討議を重ねる『熟議型』への接近を見せるかもしれない．…必ずしも公共的討議に長けているわけでもないさまざまな人々が，試行錯誤で打開策を模索する過程である」（宮本，2008）．

　生活ガバナンスが従来のガバナンスや政治と異なる特徴は，公共性から排除されてきた，あるいは周辺化されてきた価値や問題を取り上げるところにあるが，もうひとつは多様な考え方をもった生活経営主体の公共空間への参加を「実質的」に保障するところにあるといえる．

　事例5.2.1，5.2.2では，生活経営主体が公共空間に参加することによって，行政のあり方，行政職員の意識，公教育のあり方が変わっていく様子とともに，生活経営主体自身が生活経営力や政治的力量を高めている様子が確認できる．事例5.2.3では，家族問題が公共の課題として扱われることによって，普遍性一辺倒であった行政のあり方が，個別性と普遍性を統合させたものに変化していることがわかる．

c. 生活ガバナンスのツール
(1) 生活ガバナンスの試金石「地域福祉計画」

2000年に社会福祉事業法が改正され，社会福祉法に変更された．この改正によって，地域福祉の推進が同法の目的のひとつとなり，その目的を達成するために，全国の市町村で計画の策定が進められることになった．武川正吾は，地域福祉は単に社会福祉の課題であるだけでなく，地方自治全体の課題であり，ガバメントからガバナンスへの脱却のための試金石であると述べている（武川，2005）．言い換えれば，地域計画の策定と推進の基軸に，住民あるいは生活経営主体の参加がしっかり据えられているかどうかが問われているといえる．

i) 生活当事者のニーズ把握—住民参加型調査の有効性— 計画の策定はニーズの把握から始まるが，すでに述べたように，生活ガバナンスにおいて最も重要なものがニーズの把握である．近年，専門家が「客観的」に判断するニーズではなく，当事者の「主観的」なニーズを大事にする方法として「参加型調査」が注目されている．埼玉県の事例はその代表的なものである．県から委託を受け，「さいたまNPOセンター」が実施した「介護保険の利用実態等に関する調査」では，410人もの市民調査員が約1200件という大規模な聞き取り調査を実施している．その報告書（調査の記録）を読むと，「身近な第三者にできること」の欄に，ぎっしりと市民としてできること，やるべきことが書かれており，調査参加者自身が地域で支えあうことの重要性を実感していることがわかる（特定非営利活動法人さいたまNPOセンター，2003）．参加型調査の主たる目的は生活経営主体のニーズを顕在化させ計画に組み入れることにあるのだが，それ以上に，調査活動自体が市民どうしのコミュニケーションの場をつくりだし，調査参加者の地方自治への参加意識を向上させ，政治的力量を高めるという役割を果たしているのである．

ii) 実施への参加—住民自身が責任の主体に— 秋田県旧鷹巣町の地域福祉は，羽田澄子監督による記録映画で一躍有名になったが，その優れた地域福祉は，それを推進してきた当時の町長が2003年の町長選挙で敗れたことをきっかけに，後退・凋落の一途を辿ることになった．この挫折のプロセスに注目した上野千鶴子は，「住民参加型地域福祉とは，単に地方政治の意思決定に住民が参加することだけを意味しない．自らが受益者であるだけでなく，地域福祉

そのものの担い手に『参加』することを意味する．そのことによって，官から相対的自立を達成し，官との交渉力を身につけていくことが必要であろう」(上野，2008)と指摘する．

鷹巣町の地域福祉は，確かに住民参加型自治の優れた実践例である．2万人の人口の町で，福祉計画策定のワーキンググループへは 150 名,「ケアタウン探検隊」には 700 名の町民が参加している．にもかかわらず，リーダーの変更とともに失速してしまった背景には，参加メンバーの固定化と緊張感の喪失がある．これは鷹巣町に限らず，住民参加がつねに抱える課題でもある．活動をつねに緊張感のある，持続可能なものにするためには，住民自身が責任の主体になっていなければならないのである．

(2) 生活ガバナンスのツールとしての「環境基本計画」「ローカル・アジェンダ」

環境問題の領域では「ローカル・イニシアティブ」ということがいわれているように，環境問題の解決には生活・暮らしに近いところでの政策が重要である．いうまでもなく，ゴミ・廃棄物問題や CO_2 問題などは私たちのライフスタイルと深く結びついているからであり，その解決は異なる事情をもつ地域ごとにきめ細かく取り組むことで可能となるからである．

i) 住民協働型の計画策定・評価 一般に，計画のプロセスモデルは，策定 (plan) →実施 (do) →評価 (see) →フィードバック (feedback) →再策定 (rolling) といわれている．豊中市は，地域を支えあう様々な主体が同じテーブルにつきながら，この計画プロセスを進めてきた代表的な自治体である．豊中市では，1999 年 3 月，市民・事業者・行政など多様な活動主体から構成される市民環境会議が，持続可能な発展を地域レベルで進めるための計画・行動メニューである「ローカル・アジェンダ 21」の豊中版,「豊中アジェンダ 21」を策定した．策定までのこの間，200 回以上の会合が積み重ねられたと報告されている．その後 2003 年には，計画の中間見直しに向けて「協働型の政策評価」の取り組みが始まる．まず，市民，NPO，市民団体，事業者，行政職員といった多様な主体で構成される「とよなか未来会議」を立ち上げ，協働でまちづくりの進捗状況や生活を点検・評価するために評価指標（ベンチマーク）を作成する．さらに，それに基づく調査を実施し，評価した結果を「まちづくり白書」としてまとめ上げている（佐藤，2006）．

近年，住民に対するアカウンタビリティや行政資源の効率的な運用が求められるようになり，政策評価の必要性が高まっている．しかし，自治体の大多数が行っているものは，行政内部の評価である事務業務評価である．行政は自らを政策の設計者・実行者と位置づけ，政策がいかに効率よく行われているか，受益者である住民のために役立っているかを評価することに力を注ぐ．この場合，住民は受益者という立場から抜け出せないまま，単なる評価の対象者に置かれてしまうことになる．それに対し，豊中市のような住民協働型評価は，住民も利害関係をもつ当事者として評価のプロセスに参加するものであり，自らの責任も問う内容になっている．

ii) 住民参加型技術の有効性　　生活ガバナンスのツールとしての環境基本計画やローカル・アジェンダのもうひとつの意義は，住民・生活主体のところから大量生産・大量消費の様式を問い直すところにある．この点をいち早く指摘したのが，開発経済学者のE・F・シューマッハーである．彼が近代的開発への代替案として提起したものは，「地域的な取り組み」と「中間技術」である．「地域的取り組み」とは，内的なまとまりのある小さな・適正な規模の地域・地区単位で取り組むことが，自分たちに合った，利益に適った開発になるというものである．また，「中間技術」とは，その地域がもつ経験・知識や地域資源を活用し，生態系に適合した「人間の顔をした」適正規模の技術を指すもので，そこに暮らす人々に真に役立つ技術は，決して大規模で高度な技術ではないことを指摘したものである．当然，つくられた製品は地場の消費に向けられる（シューマッハー，1986）．環境基本計画やローカル・アジェンダを通じて目指そうとしている生活ガバナンスは，まさに，このような持続可能な生産と消費のあり方を実現する地域自治である．

　内藤正明は，地域に暮らす市民自身が持続可能社会に向けた技術開発に参加することの重要性を指摘し，そのような技術を「市民参加型技術」と名づけている．その特徴と意義を ① 身の丈のローカル技術であること，② 市場から免れていること，③ 自立的であること，④ 生物・生態系を利用することにあると述べる（内藤，2004）．実生活の工夫から生まれた様々なモノのリサイクルや再利用，雨水の再利用，自転車の利用，省エネルギー住宅，エコマネーやローカルマネーなどの「市民・住民参加型技術」は，すでに各市町村の環境基本計画の中に盛り込まれ，実践に移されている．

(3) 生活ガバナンスに不可欠な参加の技法

i) ワークショップ　今日，住民参加の代表的な手法として使われるのがワークショップである．木下勇はワークショップを「構成員が水平的な関係のもとに経験や意見，情報を分かちあい，身体の動きを伴った作業を積み重ねる過程において，集団の相互作用による主体の意識化がなされ，目標に向かって集団で創造していく方法」（木下，2007）と定義しているが，そこには「協働」「創造」「共有」といった特徴が含まれている．従来の行政主催の会議が，何の議論もなく行政側の説明だけで終始するか，特定の声の大きな人だけの発言によって大勢が決まるかだったことを考えると，ワークショップが行政主催の会議に導入されることは大きな変化である．

とりわけ，生活ガバナンスの実現にとってワークショップは重要な役割を果たす．木下は，住民側の生活の「総合性」が行政の縦割りに合わないことが両者の溝になっていたが，ワークショップはその溝を埋めるものであるという．縦割り行政に慣れた職員が住民と課題を共有するためには，職員も参加するワークショップにおいて，生活のあらゆる場面の問題をすべて出し切ることが重要であり，その場合「ブレーンストーミング（参加者が，他者の発言を否定する・批判しないというルールで，テーマに関して思い思いに発想したことを発言する）からKJ法というように，あらゆるものを出し切って集団でまとめていく方法なりが有効であろう．…枠組みに慣れた行政職員は混乱するかもしれないが，その枠をいったん壊すだけの価値は，ワークショップに参加してみるとわかるであろう」（木下，2007，pp.36-37）と述べている．

ii) ラウンドテーブル　ワークショップが一定の目的とプログラムのもとで実施されるのに対し，ラウンドテーブルは，目的もプログラムもなく，気軽にまちづくりについて語り合う「対話の場」である．八尾市や箕面市においてこのラウンドテーブルを実践している久隆浩は，ある課題を解決するために行われる従来の「課題対応型」まちづくりでは，様々な立場や価値観を乗り越える時間的余裕がないため無理が生じたり，行政主導で行われる傾向から行政依存から抜けられないなどの問題があるという．そうした問題を克服するためにつくられたのが「まちづくりラウンドテーブル」という「予防型」のまちづくりの手法である．「予防型」という理由は，課題解決のための結論を出すことを目的とせず，課題がなくても定期的に（現在は月に1度）集まって話をするか

らである．ラウンドテーブルは特徴である対話を重視することから，あくまでも「場」に徹しており，まちづくりの活動は一切担わない．対話のなかから必要な活動組織を外に生みだすことはあるが，活動組織とは一線を画している（久，2001）．

すでに述べたように，異なった道徳観や生活観の対立を伴う生活のガバナンスにとって，じっくりと対話をするこのような「場」や様々な人々が気軽に参加できるプラットホームの存在は重要である．多様な人々が出会い，交流することによってつながりや支え合いがつくられるとともに，そこから現状を革新する新たな知の創造が可能になるからである（ウェンガー他，2002）．

〔石田好江〕

文献

アンソニー・ギデンズ（秋吉美都・安藤太郎・筒井淳也訳），2005，『モダニティと自己アイデンティティ』ハーベスト社

久 隆浩，2001，「八尾市におけるまちづくりラウンドテーブルを核とした住民主体の地区まちづくり」，『日本建築学会大会学術講演概要集』，pp. 171-172

木下 勇，2007，『ワークショップ―住民主体のまちづくりへの方法論―』，pp. 15-16，学芸出版社

宮本太郎，2008，『福祉政治―日本の生活保障とデモクラシー―』，p. 182，有斐閣

内藤正明，2004，「環境社会づくりと市民の役割」，川崎健次編著『環境マネジメントとまちづくり―参加とコミュニティガバナンス―』，pp. 148-149，学芸出版社

中邨 章，2007，『自治体主権のシナリオ―ガバナンス・NPM・市民社会―』，pp. 19-20，芦書房

さいたまNPOセンター，2003，『介護保険　見えてきた現実と課題―埼玉介護保険市民調査の記録―』さいたまNPOセンター

齋藤純一，2000，『公共性』，p. 96，岩波書店

齋藤純一，2008，『政治と複数性―民主的な公共性にむけて―』，pp. 106-109，岩波書店

佐藤 徹，2006，「指標づくりを市民とともに―豊中市「とよなか未来会議」を事例として―」横須賀市都市政策研究所『地方自治体における行政評価システムの現状と課題―協働型評価の実践―』，p. 9

E・F・シューマッハー（小島慶三・逆井 懋訳），1986，『スモール　イズ　ビューティフル―人間中心の経済学―』，pp. 231-238，講談社学術文庫

武川正吾，2005，「地域福祉の主流化と地域福祉計画」武川正吾編『地域福祉計画』，p. 23，有斐閣

上野千鶴子，2008，「ケアの社会学　第11章　官セクターの成功と挫折」，『季刊at』，13号，p. 41

エティエンヌ・ウェンガー他（野村泰彦監修・桜井祐子訳），2002，『コミュニティ・オブ・プラクティス』翔泳社

> **コラム**
>
> **住民と市民**
>
> 　本書では，住民と市民を，特定の地域に住む人もしくは集団と，地域に縛られることなく広範に活動する人もしくは集団といった程度に区別しているだけで，住民参加や市民参加の使用にみられるように，多くは慣用的に使用している．どちらも，本書では政治的共同体の構成員として主権をもつ者としてポジティブに使用している．
>
> 　しかしながら，一般的には，住民は居住地域の利害関係をもつものとして，その利益が侵害されたとき，その利益を守るために行動を起こす者と位置づけられているのに対し，市民は，ハーバマスが「市民的公共性」の理念で想定しているように，公権力に対し批判的なチェック機能をもち，個の自由や参入の機会の平等の実現のために連帯できる，自律・成熟した個人を指している．住民が利害での連帯という個別性を越えられないのに対し，市民は，討議によって生活上の意味の共有をはかりながら，社会的活動を通じて公共性をつくりあげる存在であるという意味で，住民の発展・成熟した形態であるといえる．
>
> 　　　　　　　　　　　　　　　　　　　　　　　　　　　〔石田好江〕

5.2　生活経営主体者が参画する新たな生活ガバナンスの事例

▶ 5.2.1　住民参加による河川環境保全と生活ガバナンス

a.　「とりもどせいきいき川懇談会」の活動

　河川環境は生活と密着しているが，近年の河川環境のあり方は，行政主導となってしまい，生活とは切り離された存在となっている．岐阜県には，長良川をはじめ，揖斐川など，大きな河川から，小さな川まで多くの川が存在している．これまで，河川と生活との関係といえば，洪水や渇水などの問題から，治水・利水について議論されることが多かった．このことからも，河川環境は行政主導の問題との意識が住民のなかに生まれていたのかもしれない．しかし近年では，生活が水環境に与える影響が取り上げられるようになってきたことから，水質，生態系，不法投棄，景観などについても関心がもたれるようになってきた．

　このようななか，行政主導ではなく，生活と水との関係を住民参加の会議に

よって考え，何か新たな動きを起こそうという動きが，2001年から岐阜県で起こり，2002年，2003年，2004年の4年間を通じて活動を行った．委員としてそれぞれの河川近辺に居住する9市町村から市民24名が参加した（途中，委員の変更があり最終的には23名となった）．「とりもどせ生き生き川懇談会」と名づけられた懇談会には，様々な立場の住民が参加し，自分たちの生活と河川環境との関係について話しあった．そして，毎回の会議には関係する市町村の担当者に出席してもらうことで，疑問点などにすぐに対処できるようにした．

　活動報告は，2001年度に4回，2002年度に3回，2003年度に2回のワーキングと2回の報告会を実施し，計11回の報告会を実施した．2001年度第1回では，川に関する自由討議をした後，今回の活動の会議名を「とりもどせ生き生き川懇談会」と決定した．また，川に関する問題点を，水質，生態系，不法投棄，景観，治水の5つに絞り，第2回から4回まで，水質，生態系，不法投棄，景観，治水の各テーマで討論を行った．この間に，現地見学会を実施し，糸貫川流域，各務原浄化センター，桑原川浄化施設の3か所を委員全員で視察した．また，それぞれの河川でBODの実験を実施し，川の状態を把握した．2002年度は，第5回から7回までの3回で，岐阜圏域の川づくりに対する提案を行った．2003年度は，まず2002年度の活動をまとめ，関係機関による第1回ワーキングを実施した．第1回では，具体的な取り組み事例の提案を行い，関係機関による第2回ワーキングを実施した．そして第2回にまとめを行った．この提言書は岐阜県知事に「提言」として提出した．この「提言」に対して，私たち一人一人ができることは何か，あるいは協働でできることは何かを行政が進めている施策を踏まえながら活動報告をまとめた．2004年2月には，2001年度と2002年度の2年間でまとめた，ぎふの川に関する提言を実現するために，委員の具体的取組の事例をまとめて「とりもどせ生き生き川懇談会—提言の実現に向けて」と題した冊子を作成した．また2006年3月には，「提言」の内容について報告会を行った．

　表5.1に示すように，水質，生態系，不法投棄，景観，治水の4つの分野から，それぞれ目標を掲げ，提言を行い，提言を実践するにあたって施策の具体例を掲げた．

　決定した提言の実現に向けた実践を，各委員や関係する市町村から報告して

表 5.1 提言の内容

分類	目標	提言	施策の具体例
水質	こどもが遊べるきれいな川にしよう！	1. 生活雑排水を減らす	1. 家庭から出る廃油の回収 2. 啓発活動や総合学習を行う 3. 生活排水の垂れ流しを減らす 4. 環境に優しい洗剤を使用する 5. ブルーリバー作戦等の啓発活動
		2. 汚れた工場廃水を減らす	工場廃水の検査
		3. 水質の変化を監視する	水質検査の実施
		4. 水質を浄化する	1. 下水道事業の推進 2. 河川浄化施設の整備
生態系	生物がすめる自然な川にしよう！	1. 水辺を復活する	1. 水辺に近づけるような川の整備 2. 自然に近い河岸，瀬，淵の整備
		2. 河川の生態系を調査する	魚や野鳥等の生息調査を実施
		3. ホタルがすめるような川にする	水辺の美化活動や水辺の生物の愛護活動の実践
不法投棄	ゴミのない川にしよう！	1. 不法投棄をさせない	1. 不法投棄に対する監視体制の確立 2. 看板の設置
		2. 不法投棄の責任を厳しくする	条例罰則の変更，見直し
		3. 日常的な清掃活動（ゴミ拾い）を行う	清掃の実施やゴミの速やかな処分
		4. 不法投棄物を清掃する	住民と行政の協働による清掃活動の実施
景観	親しみのある川にしよう！	1. 自然に近い河川環境をつくる	1. 川の生物に詳しい専門家のアドバイスを取り入れる 2. 多自然型工法の推進
		2. 親しみのある河川環境をつくる	1. 親水ゾーンの整備 2. 総合学習やイベントの開催
		3. 川づくりに住民参画を取り入れる	住民参画による川づくり
治水	安全な川にしよう！	1. 災害に強い川をつくる	護岸の強化と河川整備
		2. 住民の生命・財産を守るための情報提供を行う	河川情報システムの整備
		3. 住民が治水の現状を知る	情報提供システムの整備

もらった．以下では，どのような実践を行ったかを紹介する．

b. こどもが遊べるきれいな川

「水質」の項目では，提言1「生活排水を減らす」の施策として1.「家庭から出る廃油の回収」をあげていたが，羽島市，笠松町，北方町では，家庭から廃棄される廃食油の回収を支援する実践を行い，A委員は町の婦人会に呼びかけ，廃油を川や側溝に流してはいけないという協力体制を進め，廃油回収事業を実施した．また，施策2.「啓発活動や総合学習を行う」では，岐阜市が広報紙，リーフレットなどを用いて，下水道への切り替え・合併処理浄化槽の設置促進を図り，生活排水対策の必要性を普及啓発すること，施策3.「生活排水の垂れ流しを減らす」で，B委員は，食器や鍋についた油汚れは，ティッシュで拭きとってから洗うように心がけ，また洗い桶の水は，水切りを通してから流すように心がけ，ゴミを流さないようにしている．また，地域の親しい仲間と浄化センターを訪ね，勉強会を実施し，水に関する読書会を実践した．さらに，岐阜市，羽島市，各務原市，本巣市で，浄化槽の設置補助と単独処理浄化槽から合併処理浄化槽への切り替え補助を行った．施策4.「環境に優しい洗剤を使用する」では川島町が生活学校の活動のなかで，環境に優しい洗剤を使用するよう啓発するとともに，廃油の回収などリサイクルについての勉強など，環境負荷を低減できるよう情報交換を行っている．また，施策5.「ブルーリバー作戦等の啓発活動」では，岐阜市が公共下水道の整備がされるまでの間，生活排水による川の汚れを減らすために，家庭において調理くずや食用廃油などを流さないようにしたり，洗剤の使用量を減らしたりするなどの生活排水対策の推進を「ブルーリバー作戦」と名づけて啓発活動を行っている．

提言2「汚れた工場廃水を減らす」では，施策「工場廃水の検査」を実施する点で，水質汚濁防止法に定められた水質汚濁の防止をするため，岐阜市，本巣市，柳津町，北方町が規制対象となる事業場またはゴルフ場などの立ち入り検査を行った．

提言3「水質の変化を監視する」の施策「水質検査の実施」では，河川に設定されている環境基準の達成状況を把握するため，岐阜市，山県市，本巣市，川島町，笠松町，柳津町，北方町で定期的な水質調査を行っている．また，下水処理場においても，流入水，放流水，各反応槽の検査，放流河川の水質検査を，各市町においては原水全項目検査を実施する．

提言4「水質を浄化する」の施策1.「下水道事業の推進」で委員Cは，2003

年3月まで砂防指定地等監視員を引き受け，ゴミの不法投棄など関係行政機関に知らせて，必要な改善措置を実施してきた．監視員退任後も水質保全には，川の上流対策が重要であると考えている点は同じである．その後も下水の普及が進むように地域の役員として働きかけを行っている．また，岐阜県，岐阜市，柳津町，各務原市も，下水道への切り替えを促進するため，水洗便所改造などの工事助成および工事資金にかかる利子補給を行い，啓発活動を実施している．また，公共下水道の整備として，公共水域の保全，市街地の浸水防止，生活環境の向上のため，下水道の整備の促進や，下水処理場高度処理方式の導入も実施している．施策2.「河川浄化施設の整備」では，岐阜県が，桑原川浄化施設整備，荒田川河川環境整備，糸貫川浄化事業を実施した．桑原川では，上流部での都市化に伴う水質悪化が問題となっていることから，「清流ルネッサンス21」計画により，河川浄化施設を計画し，桑原川の水質改善を推進している．また，荒田川では，川底の泥土にPCBが含まれていることが判明したため，除去基準値（10 ppm）を超える泥土を除去した．糸貫川では，かんがい期や干ばつ期を除き，毎秒1.6 tの水を席田用水から糸貫川へ放水する事業を実施し，水質改善を図っている．

c. 生物がすめる自然な川

提言1「水辺を復活する」の1.施策「水辺に近づけるような川の整備」において，D委員は，牛牧グランドクラブで年4回の清掃活動と野鳥の観察を実施した．この結果，汚れていた水辺の環境が見違えるほどきれいになり，また五六川親水公園など環境に配慮した施設が充実してきた．今後もできるだけ定点観測を行ってデータを共有していくことが重要と考えられる．施策2.「自然に近い河岸，瀬，ふちの整備」では，E委員がNPO法人「魚道研究会」に参加し，河川そのものを魚の道としてとらえ，「魚がのぼりやすい魚道づくり」を中心に，河川環境の研究活動を行った．また，全国魚道実践研究会議2003 in 岐阜を主催し，全国から川づくり，魚道づくりに関心をもつ人々との情報交換を行った．また岐阜県は，大安寺川河川改修事業を実施した．大安寺川は，地元住民も「ホタルを育てる会」を結成するなど，これまでも自然保護に対する意識が高まっており，地元の小学校が野外授業を行っているため，なるべく自然に近い河岸をできる限り復活しながら河川整備を行った．

提言2「河川の生態系を調査する」の施策「魚等の生息調査の実施」では，E委員がカワゲラウォッチングを岐阜青年会議所の活動の一環として実施した．ここでは，水質検査や水生生物調査を行った．またこれと同時にバーベキューや清掃活動を盛り込んだ幅広い活動を行っている．F委員は，環境学習について県民環境の日にパネラー発表をしたり，環境をテーマにした総合学習に参加をして，小・中学生の子供たちとともに活動した．またG委員は，「糸貫川―北方町環境づくり会議」の一員として，小学校の授業に役立つ資料提供に努めた．また，「川を汚さない教育」を，「生活科授業」から家庭科，理科，社会科との関係で発展的に指導してもらえるようにした．

提言3「ホタルがすめるような川にする」の施策「水辺の美化活動や水辺生物の愛護活動の実践」では，H委員が根尾川漁業組合の支部活動として清掃活動を実施し，鰻の稚魚を放流した．また清掃活動を実施した．今後も放流魚を鯉などに魚種を変え，清掃活動での回収されないゴミ（タイヤ，バッテリー）については，役場との話し合いを行っていきたいと考えている．I委員は，境川をきれいにする活動を小・中学生参加のもと年2回行ってきた．また，日常的にも草刈り，ゴミ拾いを行った．川の様子や生き物などの写真を撮って新聞に投稿し，川の良さをアピールしてきた．岐阜市は，ヒメコウホネの保全活動を推進した．

d．ごみのない川

提言1「不法投棄をさせない」では，施策「不法投棄に対する監視体制の確立」として，各務原市，山県市，岐南町，笠松町，柳津町，北方町が河川敷でのパトロールを強化させた．また施策2「看板の設置」では，岐南町，北方町，本巣市が自治会と協力し，啓発看板の配布または設置を実施した．

提言2「不法投棄の責任を厳しくする」では，施策1「条例の罰則の変更，見直し」として，各務原市，柳津町，本巣市がそれぞれごみの回収と罰則の制定等を行った．

提言3「日常的な清掃活動（ゴミ拾い）を行う」では，施策「清掃の実施やごみの速やかな処分」において，J委員は糸貫川において，年1回のクリーンデーの積極的参加，月1回のゴミ拾いの活動を実践した．また，各地域では，町内会等ボランティアが行う清掃活動によって集められたごみの撤去，処

分を支援し，コミュニティの環境美化運動を支援して，住民の自主活動を促進した．

提言4「不法投棄物を清掃する」では，施策「住民と行政の協働による清掃活動の実施」において，K委員は新境川の堤防除草活動に積極的に参加し，川の透明度の確認と鯉の状態を見守っている．さらにL委員は，地域の自治会主体で，水路の清掃を行った．L委員は逆川の清掃活動，木曽川リバーウォッチングゾーンのゴミ拾いに参加した．また，小学校，中学校の児童・生徒の参加できる活動へと広がりをみせている．M委員は，長良川環境レンジャーとして，河川啓発運動，河川調査研究活動，木曽三川教育活動の実践，河原活動（水質調査，監視活動，清掃活動）を中心に実施した．

e. 親しみのある川

提言1「自然に近い河川環境をつくる」の施策1「川の生物に詳しい専門家のアドバイスを取り入れる」では，岐阜県が水生生物の生息調査を地元の小学校の児童と行い，身近な自然環境に関心をもってもらい，地域に密着した川づくりを進めた．このとき，川の生物に詳しいどじょっこ調査隊に加わってもらい，河川のどのような場所にどのような環境を創出すべきかを考察し，護岸改修計画に反映させた．また，施策2「多自然型工法の推進」では，N委員が建設業者の立場から，魚が住みやすい工法，野鳥が飛来しやすい環境を研究した．さらに岐阜県では，河川改修事業として，築堤工や護岸工など，環境に配慮した河川整備を行った．

提言2「親しみのある河川環境をつくる」の施策1「親水ゾーンの整備」では，岐阜市が清水緑地の構想，笠松町が笠松みなと公園の整備，柳津町は境川緑道公園の整備を進めている（石田川，2004年度末）．施策2「総合学習やイベントの開催」では，O委員が「ライフスタイルと環境」の講義を岐阜大学で実施し，ライフスタイルと環境，川との関係について理論と実践をつなげた．また，岐阜県は総合学習を通じて環境保全に対する自発的意識を養い，川をきれいにするきっかけを提供した（2005年7月，9月，10月，11月）．さらに岐阜市は「こどもエコクラブ活動」を通して，環境教育の普及，充実を図った．山県市は，「鳥羽川づくりワークショップ」の鳥羽川改修を推進し，生物観察会，ごみ拾い，草刈りなどの美化活動を実施した．笠松町は，リバーサイ

ドカーニバルにおいて，まちづくりの担い手の育成を目的に川の自然空間に対する親しみを深める住民参加型のイベントを実施した．

提言3「川づくりに住民参画を取り入れる」の施策「住民の参画による川づくり」では，P委員が新荒田川の清掃活動を地域の小学生と中学生に不法投棄追放を呼びかける絵をかいてもらい看板を作成した．岐阜県では，長良川右岸竹藪懇談会の竹藪整備大作戦の開催（2005年7月，参加人数290名，12月280名），未来の川づくりワークショップの開催（2005年7月，9月，10月，12月，2006年2月），北方町では糸貫川北方町環境づくり会議の開催（2005年7月，2006年3月），岐阜県では川の通信簿の作成と現況評価を実施した．

f. 安全な川

提言1「災害に強い川をつくる」の施策「護岸の強化と河川整備」では，Q委員が，過去2回の洪水を経験している伊自良川で，治水会という団体を結成し，安全な川にするための要望を国，県，市に行った．また，R委員は瑞穂市には一級河川が10本あることから，水害に苦しんだ歴史から，河川工事を促進して安全な川にするための要望を行っている．さらにS委員は森林組合の活動として，森林の整備を行うだけではなく，小学生から高校生を対象にした森林体験学習を行った．T委員は土木工業会の立場から，行政や地域の人たちとともに，台風・大雨のときの水防活動を行った．また，大型建設機材の配備など，組織的・機動的な水防支援を行った．提言2，3「住民の生命・財産を守るための情報提供を行う，住民が治水の現状を知る」の施策「河川情報システム，情報提供システムの整備」では，岐阜県が河川情報基盤の整備と土砂災害監視システムの整備と提供システムの整備を行った．

g. 住民参加・住民主導の生活ガバナンス

以上，2001年から始まった「生き生き川懇談会」は，2004年までの間に，水質，生態系，不法投棄，景観，治水の5つのテーマに基づいて，17の提言を提出し，それぞれに施策を設定し，各委員と行政が可能な活動を計画，実践した．また，会議のたびに，各委員の活動を発表することで，活動に関する問題点や課題を共有し，他の活動のスムーズな実践に活かせるようにした．さらに，各市町村からも毎回担当者に会議に出席してもらうことで，委員の活動に

必要な情報や協力体制を求めることが可能となった．委員は，それぞれが会議開催前からすでに川に関心をもち，地域を拠点とした活動をしている人が多かったため，より会議と活動が積極的に実践されたと考えられる．しかし，これまでに活動をしていなかった委員も，他の委員の活動や感想を聞くことによって，自分の実践に生かそうと考える人も現れた．

　今回の懇談会を通じて得られた最も大きな収穫は，これまで行政主導であり，また住民もそれが当たり前と感じていた公共性の高い河川環境について，行政の支援を受けながらも，住民主導で考え，新たな河川環境保全活動を創造することが可能となったことである．行政サイドは，意見や方法を押し付けるのではなく，住民の意見を聞きながら，可能な施策を模索し，両者が対立するのではなく，両者の接点をなるべく広げる努力がなされた．また，委員が地域に戻り，この活動を広めたことから，単に会議が「生き生き川懇談会」としての活動にとどまらず，活動の輪が広がったことも大きな収穫であったといえよう．しかし課題も残った．懇談会終了後の委員間の情報網が途絶えてしまったことである．今後はこのような協働が，会議終了後にどのような活動を持続できるかが，広域に居住する住民の住民参加型会議の成功の鍵となるであろう．

　これらの活動は，川にかかわる1つの事例に過ぎないが，このような事例は，生活課題を行政に任せてしまうのではなく，住民参加・住民主導によって解決し，公共性を共有しようとする動きとして，今後の生活のあり方を考えるにあたってきわめて重要となるであろう．

〔大藪千穂〕

文　献

とりもどせ生き生き川懇談会，2004，『提言の実現に向けて』岐阜建設事務所

▷ 5.2.2　世代間交流プログラムと生活主体参加型ガバナンス―欧米の事例から―

a.　世代間交流の意義

　総務省が公表した2009（平成21）年4月1日現在の日本の人口割合は，15歳未満が13.4%，15～64歳が64.1%，65歳以上が22.5%となっている．15歳未満の割合は，昭和50年以降減少し続けており，平成9年には65歳以上の割合を下回った．また，産業構造の変化による都市部への人口集中と，それに伴

う周辺地域の過疎化，家族構成の小規模化などによって生活単位の個別化が進行した．

　日本では減少傾向にあるとはいうものの，他国に比して高い三世代同居での血縁関係にある高齢者と子どもとの間に，また地域の老人会や子ども会が参加する伝統行事などにおいて，世代間の交流は行われているようにも見受けられる．しかし，異なる世代との「日常的で自然な交流」は，家庭という私的領域のみならず，地域や社会においても著しく減少しており，意識的に再構築しなければならないのが実状なのである．

　「世代間交流」とは，子ども，青年，中年世代・高齢者がお互いに自分たちのもっている能力や技術を出し合って，自分自身の向上と，自分の周りの人々や社会に役に立つような健全な地域づくりを実践する活動で，一人一人が活動の主役となることである（草野，2004）．世代間交流は，生活主体が各々の生活資源を活用して公的領域に参加する方法であり，そのための場を提供する役割をも担う活動であることから，ガバナンスを具現化するものとしてとらえることができる．近年の世代間交流の意義と重要性に対する認識の高まりは，人と人，個人と地域や社会，過去から未来などの多様な「つながり」の再構築が求められていることに加えて，それを生活主体自らの手によって実現させようとする意思や動きによるものであろう．

b. 世代間交流の展開とプログラムの必要性

　米国では 1960 年代後半から 1970 年代にかけて，世代間の分離（separation）による「老い」や「高齢者」に対する否定的な態度や偏見，すなわちエイジズム（ageism）の問題に取り組むヒューマン・サービスとして世代間交流プログラムが開始された．1980 年代以降は，若年世代と高齢者の双方における多様な社会問題へと焦点が移行し，それらを解決する手段としてコミュニティにおける世代間交流プログラムの重要性に対する認識が高まっていった．1986 年には公的ネットワークとアドボカシーの機関である諸世代連合（Generations United）が設立された（Newman, 1997）．また，1999 年には国際世代間交流協会（International Consortium for Intergenerational Programmes）が創設されている．日本では 1998 年 7 月にプロジェクト「世代間交流」，同年 7 月に日本世代間交流ネットワークがスタートした．2006 年 5 月には日本世代間交流協

会（Japan Intergenerational Unity Association）が設立され，同年8月に国際フォーラムと研究集会が開催された．しかし，世代間交流が学問の一分野として確立されるまでには至っていない．

国際世代間交流協会（ICIP）では世代間交流プログラム（Intergenerational Program）を「高齢者と若者世代との間に，意図的で継続的な資源交換と相互学習のための対話を創造する社会的手段」（Kaplan, Henkin & Kusano, 2002）と定義づけており，一過性のイベントではなく，体系的に構成され展開されるということを意味している．世代間交流による効果は，単に異なる世代が「出会う」ことによって得られるものではない．「どのようにかかわるのか」を考慮した「しかけ」が重要なのである．したがって，明確な目的の設定とプログラムの実践による効果の評価は，世代間交流プログラムを検証する際の主要な研究課題となっている．しかしこの点に対する認識もまた，日本では十分に定着しているとはいいがたい．

次項では，読み書き能力やいじめといった学校における子どもの問題と社会的孤立や働き方など高齢者の生活課題を解決する欧米の世代間交流プログラムの事例を紹介し，ガバナンスの視点から検討を試みる．

c. 欧米の世代間交流プログラム
(1) 事例1：Experience Corps

1979年の設立以降，30年にわたり若年世代と高齢者世代がコミュニティに貢献する機会をつくりだしてきたテンプル大学世代間学習センターが運営するプログラムのひとつである．米国の学校における問題，とくに子どもの読み書き能力（Literacy + Reading）の向上を高齢者が支援している．

プログラムは学校側とのパートナーシップを重視しており，週に1～2回のペースで打ち合わせを行っている．高齢者の役割は「子どもとの親密な関係の構築」に焦点化されており，教師の仕事や権利を妨げることのないように調整してきた．他の組織との協働には綿密な調整を図ることが重要であり，それがプログラムへの理解を獲得することにもつながっている．実際，プログラムが開始された1996年に参加したのは7名の高齢者，2つの学校，80名の子どもであったが，10年後の2006年には全米で514名の高齢者が43の学校で6286名の子どもを支援するまでに拡大してきた．

また，プログラムは学校における子どもの切実なニーズを反映させた内容に焦点化されている．開始当初は編み物や読み聞かせなど小規模なプログラムが複数あった．しかし3年目から，より必要とされる内容に限定することで目的が明確になり，プログラムの効果を客観的に測定しやすくなった．活動の評価をデータとして示すことは，プログラムを継続的に運営するための財源の確保に寄与する．さらに高齢者は，自己有用感や良好な健康状態，新たな人間関係の獲得に成功している．Experience Corps では高齢者を単なる参加者ではなく，サービスを提供するパートタイムワーカーとして位置づけている．したがって，基本的には週15時間の活動で1セッションにつき5ドルが支払われる．この仕組みは活動する主体（高齢者）にとって活動への責任感をもたらすとともに，社会にとっては高齢期における働き方の多様化や仕事に対する新たな価値観を生みだすことにつながるものである．

(2) 事例2：Klassmorfar（Class granddad for children）

　義務教育段階の学校で，中年世代や高齢者が子どもを支援するプログラム．Klassmorfar とは「クラスのおじいちゃん」を意味するが，現在では女性高齢者も活動している．スウェーデンの学校における問題—いじめ，特別な支援を必要とする子どもや精神的に不安定で身体症状を訴える子どもの増加，学校民営化によって生じる教育格差や経費節減による教師数の減少に伴う負担増などに対して，すべての子どもが居心地良く，安心して過ごせる環境を整えることを目的に，経験豊かな大人をつねに学校に配置するという内容のものである．

　1996年にストックホルムのナッカで始まった1人の男性高齢者による個人的な取り組みが，ダーラナやイェーテボリ，ハーランド，セーデルマンランドなどへと拡大し，2007年には69のコミューンで566名が活動するに至った．プログラムは Klassmorfar の役割，発達や心理など子どもに関する内容，学校の組織や教職員の仕事について，コミュニケーションや身体表現など子どもとのかかわり方や支援方法という4つの要素に関する内容とスキルを講義および実習によって理解，修得することが基盤である．これを踏まえていれば，基礎教育や研修の詳細なカリキュラムは地域の実情に応じて決定できる．例えば，ハーランドでは研修の一部で教員や警察官，人権保護委員と連携し，各々の立場で子どもとどのように関与しているかという講演が取り入れられている．Klassmorfar 候補者の募集も，ストックホルムでは職業安定所のリストを活用

しているが，ハーランドではコミューン発行の広報誌に情報が掲載される．候補者が集まると面接により基礎教育受講生を選抜する．選抜の際に行われる面接の方法も地域ごとに多少の違いはあるが，質問すべき項目は共通している．

連携する他の組織（この場合はコミューンや学校）の理解や協力を得るのはプログラムの継続と発展において重要である．プログラム事務局ではストックホルムにおける学校での器物破損費用がきわめて高額であることから，その修繕費用とプログラムの経費を試算して長期的な経済効果を示し，学校や政治家の賛同を獲得してきた．また，新たな雇用をつくりだせることを主張し，政府の失業対策と連携を図ることでプログラムを拡大させていった．

(3) 事例3：Vive y Convive（Live and live together）

スペインの金融機関CAIXAカタルーニャによる社会福祉事業（Obra Social）の一環として，1996年に開始されたホーム・シェアのプログラム．単身で生活する高齢者の孤立を防止し，就学のためバルセロナに来た大学生に住居を提供している．現在はカタルーニャだけでなくバレンシアやマドリードなどの自治州にある大学へと拡大している．高齢者と学生の参加も1997年の20組から10年後の2007年には323組にまで増加した．

スペインの65歳以上人口の割合は2006年で16.7％を占めており，2050年には日本，韓国に次ぐ高さになると推計され，急速な社会の高齢化，伝統的性別役割分業観に依拠した社会保障制度，進展する女性の社会進出との軋轢などの問題が表出してきている．Vive y Convive は，高齢者（とくに女性高齢者）の独居および社会的孤立と，住宅価格の高騰（とくに大都市）という若年世代の生活課題解決を目的としたプログラムである．財団（Viure i Conviure Foundation）と大学，行政の協働により運営され，学生には財団から心理学の専門職，高齢者には行政からソーシャルワーカーが関与して，双方のマッチングや毎月のモニタリング作業を行う．

他に財団と企業の連携によるプログラムとして，ジャーナリズム専攻の学生が高齢者のライフストーリーを聞いてまとめ，その原稿を応募する「Tienes una historia que contar（You have a story to tell）」があり，大学生の就業や経済支援につながっている．

d. 世代間交流の課題とガバナンスへの展望

　増山（2003）は，今日の〈子ども・高齢者〉問題の歪みの背景には「子ども」と「高齢者」がともに社会のなかで正当な位置を占めていない，社会参加が保障されていないという問題があると指摘し，長嶋（2003）は生活者の参画的意思決定の実質化が担保されない限り，共治とはいわないと確言している．

　世代間交流は，生活の課題を解決するための一方策として活動が開始され，活動の継続・発展に際して交流の質や互恵性が重視されるようになった．うまくいっている実践から本質的要素が整理され，これを理論的背景とすることでプログラム化が進んだ．その過程において，高齢者や子どもが単に支援される側としての位置づけから支援の担い手として，単なる「参加者」から協働するメンバーとしてとらえられるようになってきたのである．Experience Corps では，高齢者をユーザーではなくワーカーと位置づけることにより「フルタイム就業後，退職で引退」だけではない，新しい働き方をも創出することを明確に意図しているし，Klassmorfar の場合は学校や子どものニーズを顕在化させた活動主体が高齢者自身であったことから，プログラムに関与する高齢者の参加保障が確立している事例であるといえよう．また，教育の専門家ではない高齢者が公教育に参加することで，新しい教育のあり方を示している．

　「人間の三世代モデル」というコンセプトによって，子どもと高齢者の統合ケアという視点から世代間交流の可能性を示した広井（2000）は，日本の教育システムにおける「『後期子ども』の時期への対応の社会化」の必要性と，これを雇用や社会保障と一体化させた政策として考えなければならないと指摘した．さらに「人生前半の社会保障」という視点から，「社会的起業」支援やある種の教育バウチャー的側面をもち，若者を社会全体で支えることで「親からの自立」をも促すという趣旨の「若者基礎年金」というしくみを提案している（広井，2006）．CAIXA カタルーニャによる世代間交流プログラムは，青年（大学生）に対する経済支援，住まいや雇用機会を提供しており，このしくみに該当する事例であるといえよう．また，生活課題を抱える主体同士の互恵的関係の構築を企業や政府が支援し，それを財団がコーディネートするという新しい福祉のあり方を示している．

　Henkin（2006）は世代間交流プログラムの本質的要素（役割，関係づくり，互酬性，賞賛，やりがい）をあげ，プログラムが個人やコミュニティの需要や

参加者のニーズを反映させていると，参加者は活動に誇りと達成感をもつようになると述べている．また，世代間に意味のある人間関係を育もうとするのであれば，充実した内容で，より長期の活動が求められるとして，一般的なプログラム作成のポイント（実態調査，パートナー提携，ねらい，企画，人材募集，参加者とスタッフの事前準備，実践，継続的な支援，効果測定）を示している．これらの要素は生活ガバナンスにおいても適用される．世代間交流プログラムを継続するためには，財源の安定的確保や他の組織との連携および協働，研修などによるプログラムの質的保証，活動の評価などによってマネジメントしていくことが重要となる．これらの点もまた，持続的なガバナンスにとって肝要ではなかろうか．

さらに，今後は世代間交流プログラムそのものの質的向上や継続的な実施に加えて，生活主体の生涯発達に対する世代間交流の効果，他者との関係および活動への参加と働き方などの側面からも追究していかなければならない．ガバナンスが個々の生活主体に及ぼす影響についても同様であろう．

e. 超高齢社会における生活主体参加型ガバナンス

守屋（2006）は力と速さの偏重による生産性を問い直し，より人間的な価値を含む新しい生産性の概念で高齢期像をつくることが，高齢者だけでなく青年にとっても重要であり，社会が二重の意味で豊かな社会へと脱皮できると述べている．WHO は 2002 年の「第 2 回高齢者問題世界会議」討議資料において，アクティブ・エイジング（active ageing）を，その人の心身の状態に応じた継続的な社会参加を通して家族や友人，地域社会にできる範囲で役割を果たしていくことによって生活の質（quality of life）を高めていくことであると説明している．

アクティブ・エイジングの概念を日本の高齢期の働き方や就業意識，社会的ネットワークの実態分析によって社会学的視点から高齢期の職業生活の諸相を明らかにした前田（2006）は，アクティブ・エイジングと「積極的シチズンシップ」を実現する政策として情報の共有と意思決定への参加保障が要件となること，若年期からアクティブ・エイジングを志向するライフコース・パースペクティブが重要であり，職業生涯を視野に入れた雇用労働に限定されない政策が必要であること，多様性を前提としたアクティブ・エイジングや積極的シチ

ズンシップのための生涯教育制度の構築が教育政策の柱となることなどをあげている．

　世代間交流プログラムは，生活主体が参画し協働することにより，すべての世代の生活の質を高め，互恵的共生社会を構築するものである．生活のニーズや課題を把握し，解決を目指すとともに，新たな公共性を創出する活動であることから，生活主体によるガバナンスそのものであるといえよう．また，超高齢社会においては，長期化したライフコースを生涯にわたってどのように生きるべきかが問い直される．そのなかでは，より自覚的・意識的に生命や生活と向き合わなければならない．一人ひとりの生活主体がニーズをとらえ，表出させて公共領域へと問題を提起し，自らが参画して活動や事業体をつくりあげ，他者や他の組織との協働へと結びつけられる生活主体参加型ガバナンスが求められている．

〔角間陽子・草野篤子〕

文　　献

アン・クリスティン・ボストロム（角間陽子訳），2004，スウェーデン・ストックホルムにおける「おじいちゃんプロジェクト」，『現代のエスプリ』，444号，82-88

ナンシー・ヘンケン，ジャネット・ブレスラー（池田祥子訳），2006，"世代間交流の促進"成功の秘訣」，『社会教育』，第61巻，3月号，20-23

広井良典，2000，「人間の三世代モデル―新しい高齢化社会のビジョンへ―」，『老人と子ども』統合ケア」，pp. 2-19，中央法規出版

広井良典，2006，『持続可能な福祉社会―「もうひとつの日本」の構想―』ちくま新書

角間陽子，2008，「「米国世代間交流プログラム・スタディーツアー」参加報告」，『福島大学地域創造』，第19巻第2号，39-47

角間陽子・草野篤子，2008，「中年・高齢者の学校における世代間交流―スウェーデンの場合―」，『福島大学地域創造』，第20巻第1号，56-65

草野篤子，2004，「インタージェネレーションの必要性」，『現代のエスプリ』，444号，39-41

草野篤子・金田利子・間野百子・柿沼幸雄，2009，『世代間交流効果―人間発達と共生社会づくりの視点から―』三学出版

前田信彦，2006，『アクティブ・エイジングの社会学』ミネルヴァ書房

増山　均，2003，「〈子ども・高齢者〉問題と世代間交流の動向」，『早稲田大学大学院文学研究科紀要』，第1分冊，49，81-94

守屋慶子，2006，「高齢期にも人は発達する―経験知で拓かれる新しい道―」，『誕生から死までのウェルビーイング―老いと死から人間の発達を考える―』金子書房，107-127

長嶋俊介，2003，「生活の経営と福祉―生命系文明と生活主体―」，『生活の経営と福祉』，pp. 2-17，朝倉書店

中西正司・上野千鶴子，2003，『当事者主権』岩波新書

Sally Newman, 1997, 'History and Evolution of Intergenerational Programs', Sally Newman, et al.,

"Intergenerational Programs: Past, Present, and Future", pp. 55-80, Taylor & Francis
Sally Newman, 2002, 'Creating an "International Consortium for Intergenerational programs"', Matthew Kaplan, Sally Newman and Atsuko Kusano, eds., "Linking Lifetimes: A global view of intergenerational exchange", p. 266, University Press of America
Mercè Pérez Salanova and Joan Subirats, 2007, 'Live and Live Together; A person-to-person experience', "Autonomous University of Barcelona", Viure i Conviure Foundation, CAIXA CATALUNYA OBRA SOCIAL

▷ 5.2.3　韓国の新たなガバナンスが構築する家族支援システム

a.　家庭に対する公的支援の必要性

　家庭は構成員の欲求を充足させる根源的な経営体であり，生活に必修的な扶養活動を提供する私的生活共同体である．長い間，家族扶養の責任はすべて，家庭に課され，とくに国家が関心をもたなくても，「うまく機能するあるいはうまく機能すべき」私的空間として扱われてきた．とくに，経済成長が主な課題として浮かび上がった最近になるまで，社会全体の発展論理に埋められ，家庭という私的空間までに目を向ける余裕がなく，社会の福祉的支援が乏しい状態で，家族員の扶養は主に家庭の中で担わなければならなかったのである．また，経済発展に集中した社会的価値は，職場を拠点として行われる仕事中心の生産性を重視し，家庭と家族の役割は重要視してなかったのである．

　このような状況において，児童，老人，妻に対する虐待，青少年非行，家族暴力，家計破産，老人の貧困と疎外，男性の長時間労働とそのための過労など様々な家庭問題が生じ，このような問題は自殺，暴行，犯罪など社会の病理的現象として表出された．増加する家族内葛藤，それらから起因する離婚の増加，若者の結婚および出産忌避，就業女性の子育ての困難などは史上最大の少子化という結果として現れた．また，これらの現象は，個別家庭のみならず社会的にも深刻な結果をもたらした．

　一方，家庭問題は一度起こると，それらの解決のためには多くの時間的経済的費用が必要であるがうえに，完璧な解決策も存在しない．したがって，家庭問題に対するアプローチは，問題が発生する前に予防的に支援することが重要であるといえる．すなわち，様々な家庭問題に効果的に対処し，また家庭の健康性を増進させるためには，家庭中心の統合的支援体系の構築の必要性が強く求められるようになったのである．家庭に対する公的支援を強化し，体系的家

族支援システムを構築するためには，行政的，法的土台が必要かつ重要であるが，このような脈絡から2004年に制定された'健康家庭基本法'は，その意味が大きいものといえよう．

本稿では，家族支援システムの行政的，法的土台になる'健康家庭基本法'の制定過程を考察し，法制定以降の変化された家族政策の実態および成果を紹介したい．加えて，効果的家族支援システムの構築をガバナンスと関連づけて考える．

b. '健康家庭基本法' 制定過程および内容

'健康家庭基本法'の制定と家族政策の伝達体系である健康家庭支援センターの運営はガバナンスの活用性が著しく表出された例であるといえる．

'健康家庭基本法'の制定の歴史は10年余り前にさかのぼる．1990年代半ばごろに家庭問題が多様な様子で表れ，このような問題を解決するためには家庭を公的な政策対象とすべきという点に多くの家政学者が共感をし，家族政策と家庭福祉に対して関心をもち始めた．家政学者らは，まず学会を中心として家庭福祉問題に目を向け，1995年に大韓家政学会が「地方化時代と家庭福祉」というテーマで学術大会を開催したことをはじめとして，韓国家庭管理学会でも家庭福祉に対する内容を学術大会の重要なテーマとして扱った．

このような問題提起とともに家庭福祉の実践に対する必要性を認識し，専門家として'家庭福祉士'を学会レベルで養成することに合議し，1998年から家庭福祉士を輩出し始めた．しかしながら，家庭福祉士が専門家としての役割を効果的に果たし，家庭福祉を向上させ，実質的に寄与するためには，法的，制度的の後押が必要であった．そして，韓国家庭管理学会が起草した'家庭福祉基本法案'を2001年2月に保健福祉常任委員会に議員発議した．しかし，法案が発議されたものの，関連政府部署である保健福祉部は関心を示さず，議員らもそれ以上のアクションを取らず，国会にそのまま係留状態であった．しかし，この法案の制定に対して強い意志をもった家庭経営学と家族学専攻教授らが家庭福祉教授協議会を結成し，家庭政策樹立と家庭福祉関連法案の制定の必要性を保健福祉部に根気強く建議した．その当時，新しい政府の出帆とともに，類例なしの低い出産率と急速な家族解体の防止が大きな政策課題であり，保健福祉部も対策模索に力を入れていたときであったため，家政学者らの建議

が受け入れられた．そして，大韓家政学会側に新たな法案作成を提案するに至った．大韓家政学会は，これらの提案を承諾し大韓家政学会所属の家政学者が中心となって係留中の'家庭福祉基本法案'を拡大，補完した'健康家庭育成基本法案'を起草するようになった．そして，この法案が2003年7月に保健福祉常任委員会長を代表として新しく発議された．家政学者らが中心となって作成した'健康家庭育成基本法'が発議されると，家庭福祉に関心をもち始めた社会福祉学系は，この法に対抗して'家族支援基本法案'を早急に作成し，2003年8月に議員発議することになる．

保健福祉常任委員会の法案審査小委員会では，上程された2つの法案を3か月にわたり審議をし，2003年12月9日に'健康家庭基本法'を保健福祉常任委員会に上程することを決定した．

そして，保健福祉常任委員会，法制司法常任委員会の審議を経て，2003年12月29日国会本会議を通過した．審議過程では，政策討論会と公聴会などが開催されたが，その度に，家政学系と社会福祉学系は法案の名称，内容などをめぐり対立した．もっとも大きな争点となったのは，法の基本方向であり，社会福祉系は脆弱階層の支援を中心とした福祉的アプローチをするべきという意見であったのに対し，家政学系は普遍的な家庭を対象とした予防的なアプローチをすることを強調した．

審議期間中に，家政学系は法の元来の趣旨にあわせ，普遍的，予防的な性格をもつ法をつくりあげるために多大な努力をした．大韓家政学会では様々な家政学関連学会を集め，生活科学関連団体協議会を結成して力を合わせた．一方，健康家庭の育成に関心をもつ市民と家政学専攻者などを中心に，（社）家庭を健康にする市民モイム（モイム：集会・集まり）（以下：「家健モ」という）という市民団体を設立し，家庭問題を扱っていた他の市民団体と連帯して健康家庭市民連帯をつくり，力を合わせた．そして，審議期間中に必要なときはいつでも，関連学会と団体の連名で声明書と意見書などを発表し，結集された力をみせながら議員らを説得した．大韓家政学会は家政学実践特別委員会を組織して法案を審議する保健福祉常任委員会の国会議員と補佐官らを説得した．そして，この法は2004年2月9日に法律第07166号'健康家庭基本法'として公布された．'健康家庭基本法'の制定過程において「家健モ」は，生活者の立場に立ち，また，大韓家政学会は専門家の立場から主導的役割を果た

表 5.2 '健康家庭基本法'の構成および内容

健康家庭基本法の構成		内容
第1章	総則	目的,基本理念,「家族」と「健康家庭」の定義を定める.
第2章	健康家庭政策	健康家庭基本計画内容明示. ① 家族機能強化および家庭の潜在力開発を通じて家庭の自立を増進する対策,② 家族共同体の文化造成を通じて社会統合と文化継承,③ 多様な家族の欲求充足を通じた健康家庭具現,④ 民主的な家族関係と男女平等的役割分担,⑤ 家庭親和的社会環境の造成,⑥ 家族の養育,扶養などの負担緩和と家族解体予防を通じた社会費用削減,⑦ 危機家族に対する緊急支援策,⑧ 家族の健康増進を通じての健康社会具現,⑨ 家族支援政策推進と関連した財政調達方案
第3章	健康家庭事業	健康家庭事業の中心軸は家庭問題予防と解決のための家庭単位支援事業と家庭機能強化の支援事業内容明示. 前者には,家庭に対する支援,家族単位福祉増進,民主的かつ男女平等な家族関係増進,離婚予防および離婚家庭支援,健康家庭教育関連事業. 後者には,子ども養育支援強化,家族扶養支援,家庭ボランティア,家族の健康増進,家族単位の市民的役割,ボランティア活動支援,家庭生活文化.
第4章	健康家庭全担組織	健康家庭事業を遂行する拠点としての健康家庭支援センター(以下センターとする)の機能を明示. ① センターの設置・運営:センターは中央,市道および市郡区に設置され,民間に委託運営できる. ② 専門家養成:センターの健康家庭事業の遂行のため関連専門家(健康家庭士)を置き,彼らは大学あるいはそれと同等以上の学校で家政学,社会福祉学,女性学など関連教科目を履修し,卒業したものとしている.
第5章	補則	国家および地方団体は健康家庭事業を遂行する団体・個人を支援することができると定める.

したのが,大きな特徴といえよう.'健康家庭基本法'の内容は表5.2を参照されたい.

c. '健康家庭基本法'の施行実態

'健康家庭基本法'が2004年制定されて以来,今年5年目を迎えている.'健康家庭基本法'の施行実態を健康家庭事業の伝達体系である健康家庭支援センターの現状とセンターで行われた健康家庭事業の成果を通じてみていこう.

健康家庭支援センターは'健康家庭基本法'に依拠してつくられた韓国の家族政策推進のための中枢的伝達体系である.健康家庭支援センターは,表5.3

表 5.3 年度別センター設立現状　　　　　　　　　　　　（単位：か所）

区分（予算支援割合）	2004 年度	2005 年度	2006 年度	2007 年度	2008 年度	2009 年度
国費 100%	0	1	1	1	1	1
国費 50%　地方費 50%	3	6	20	32	39	53
地方費 100%	0	9	29	33	43	44
計	3	16	50	66	83	98

＊国費 100％ の中央健康家庭支援センターを除外して，2009 年現在（2009 年 8 月）まで，設置された箇所は 96 か所であり，1 か所は開所準備中である．

表 5.4 年度別センター利用者数

年度		2004	2005	2006	2007	2008
センター数		3	16	50	66	83
利用者現状	合計	11740	105055	316221	454786	486167
	家族教育	2283	18903	78851	160579	130361
	家族相談	1273	11752	39180	76470	103382
	家族文化	8184	74400	198190	184393	135324
	家族支援	—	—	—	33344	117100

からみてとれるように，現在 97 か所が開所されていて，地域において多様な家族のための統合的サービスを提供している．健康家庭支援センターは，全国的に高い利用率のなかで運営されており，表 5.4 からみられるように，利用者の増加スピードはきわめて速く，2005 年度に 10 万人あまりだったのが 2007 年には 45 万人まで 4 倍以上増加している．また，2008 年度には利用者数が 486167 人に達している．健康家庭支援センターの事業成果を表 5.5 にまとめた．

d.　事例からみるガバナンスの実践

健康家庭支援センターの効果的運営のために，他の民間団体と公的機関とのネットワーク強化，家族ボランティアあるいは家族プムアシなど地域共同体の人的資源の活用も模索されている．そのネットワークのあり方は多様であるが，以下にいくつかの地域センターでの取り組みを紹介したい（http://webzine.familynet.or.kr から抜粋）．

委託先の大学でプログラムを開発して，区内の諸学校と連携した事業を行っているのは，ソウル市江北区健康家庭支援センターである．区内のある大学の

表5.5 健康家庭支援センターの事業成果

事業区分	内容
家族相談および教育事業	・夫婦問題および家族問題に対する教育を，ライフステージ別に体系的に提供. ・これとともに夫婦問題および家族問題に対する面接相談サービスを提供. ・2008年の相談内容は，家族問題（25.2％），夫婦問題（18.1％），児童・青少年問題（14.2％）順.
児童トルボミ事業 （以下児童ケア事業とする）	・児童ケアスタッフ養成および派遣を通じて遊休女性労働力を活用するとともに，脆弱階層の仕事場の創出にも寄与. ・2009年には全国232か所でこの事業を行っている.
離婚前・後の相談事業	・全国83か所センターにおいて離婚前・後家族支援相談を支援し，他機関に比べて深層的かつ専門的面接相談を提供. ・危機家族支援を強化するために，訪問相談事業と相談有関機関と連携した危機家族支援相談ネットワーク構築事業も行われる予定.
家族奉仕団活動	・家族奉仕団を構成して家族単位のボランティア活動. ・多様な家族単位プログラムを通じて家族余暇文化の方向性を提示.
軍人家族支援	・頻繁な移動，長い別居，文化的に恵まれない軍士分界線周辺に居住するなど特殊な勤務，居住環境のためもたらされる家族問題を予防するために軍人家族を対象とする普遍的なサービスを提供. ・2009年には16地域20か所部隊と連携してサービスを拡大，実施する予定.
住民自治的家族プムアシ （相互援助）システム構築	・多様な家族のケア欲求を充足し，ケアの死角地帯を解消するために，地域社会支援を通じて解決できるように住民自治的ケアシステム（プムアシ）を構築.

＊ドルボミとは，ドルボム行為をする人，また，ドルボムとは面倒をみる，ケアするの意味．具体的に，児童が日常生活を円滑に営むために，生活面での面倒をみる人を称する．
＊プムアシとは，互いに労力を提供しあって助け合うこと．

家族文化・消費者学科で開発したプログラムに基づく，「楽しい小遣い管理GO! GO!」というテーマの遊びから学ぶ子ども小遣い管理教育を実施している．2007年には江北区内の11個の小学校5～6年の3701人を対象として，生活経済教育を実施した．これらを通じて，小学校の子どもには，小遣い管理の必要性および小遣い帳記入方法などを，保護者には，子どもの小遣い管理の指導方法などを考える機会を与えた．このプログラムは，児童期から正しい生活経済の習慣を身につけさせるとともに，江北区にあるほとんどの小学校の高学年を対象にしている点でその意義が大きいという．また，健康家庭支援センターで行う事業の積極的伝達のため，教育庁，学校，保育園などと連携をとりながら，様々なところへ直接出向いて，教育，相談などの活動を行う例もみら

れる．慶尚南道センターの例であるが，家族相談チームでは，晋州市の中学校と連携し，青少年集団相談のため，「青少年コミュニケーション技術向上プログラム」を進行している．また，家族教育チームでは，出前教育として，お父さんの職場に出向いての父親教育，幼稚園，保育園などでの親教育などを行っている．出前親教育の1つの例としては，鎮海市に所在した保育園と連携した事業があげられるが，6つの保育園で，児童の発達特性を中心に，父母役割および子どもとの会話方法などの内容が盛り込まれた．海雲臺区センターでは，2006年7月開所後，地域内の様々な組織とネットワークを形成しながら事業を実施しているが，教育庁と学校を通じて実施している「出前家族教室」と「情緒支援集団相談」は単なる父母教育や青少年相談における効果のみならず，当センターで実施しているプログラムの広告にも大きな役割を果たしているという．

また，教育機関のみならず，他の官公庁との連携活動もみられる．達西区センターでは，2006年9月大邱地方労働庁北部地庁の雇用支援センターとの協約を結び，雇用および家族支援サービス交流協力事業を通じて，失業家庭と求職者に対する体系的家族支援サービスを提供している．毎月第1火曜に雇用支援センターを訪問して求職者を対象とした個人の財務管理と家計管理，実業ストレス軽減のための家族意思相通プログラムなど家族危機および家族問題解決のための教育と相談プログラムを提供している．また，光州市東区では法院と連携して，離婚前・後の相談活動が健康家庭支援センターによって行われており，多様な家族に専門的相談サービスを提供しながら，法院とセンターとの関係を綿密にしてきた．そして，現在光州地方法院家庭支院では，裁判離婚過程の多くの人々が健康家庭支援センターでの相談を受けるようにしている．また，2006年11月には光州地方法院家庭支院と連携して，法院で活動する家事相談調停委員25人と判事とともに「効率的離婚相談への介入」というテーマでセミナーを開催したこともあるという．

それ以外にも，社会的要求度にもいち早く対応した事業もみられるが，多文化家族支援事業がそれである．ソウル市東大門区の健康家庭支援センター内の家庭結婚移民者家族支援センターでは，東大門区内の大学，大学の言語教育院，区内小学校などと連携し，韓国語教室を基礎，初級，中級，高級コースにわけて運営している．基礎コースでは，結婚移民者を対象とした韓国語講座以

外にも，英語が可能なボランティアが一緒に授業に参加し，学習に手助けしている．また，小学校の国際結婚家庭の親を対象に，出前韓国語授業はとくに反響が大きかった．蔚山市，益山市なども健康家庭支援センター内に多文化家族支援センターを設置している．

以上のように，健康家庭支援センターは政府・行政と連携をとりながら，主体的に家族支援事業を進めており，支援対象になる家族にとっても参加しやすく，自ら参加したくなるような環境を提供している．

e. 効果的家族支援システム構築とガバナンスの意味

前述で，家族支援システムの基本になる'健康家庭基本法'の必要性と内容を概観し，健康家庭支援センターの現状と事業成果を通じて'健康家庭基本法'の施行実態に対して考察した．最後に，効果的家族政策実践と家族支援システムの定着のためのガバナンスの概念の有用性に対して考察したい．

ガバナンスは，共同体運営の新しい体制，制度，メカニズムおよび運営様式を称するもので，既存の統治あるいは政府を代わる概念として登場し，拡大している．ガバナンスは複合組織あるいはネットワークともいわれるが，「公式的権威」なしでも多様な行為者が自律的かつ互恵的相互依存性に基盤をおいて協力を促す程度および調整の概念として認識されている．政府が「公式的権威」によって支持される活動であるとしたら，ガバナンスは「共有された目的」によって支持される活動である．民主主義が成熟し，市民文化が発展していく過程で，市民社会中心のガバナンスの補完は切実に必要であるといえよう．

とくに，家族政策の決定と施行には様々な行為者の自発的行動と相互協力的調整様式を追求するガバナンスの概念が効果的であるといえる．家族政策の対象は，私的な家庭生活およびその中で行われる行為であるが，これは公的な統制あるいは権威によって支持されるのではなく，共有された目的によって支持される活動であるからである．また，家族政策は一部脆弱家族だけではなくすべての家庭を対象とする普遍的政策を追求し，一方的な支援，保護ではなく家庭の力量強化と自律的能力育成を目標とするためである．

このような目標を達成するためには，多様な行為者の自律的かつ互恵的相互依存性にもとづいて協力を促す制度，調整の意味が強調される．この際，主要

行為主体は，国家，地方政府などとともに民間企業，市民団体，多様な形態の非営利機構，地域社会の有関機関，学校など相互連携して，公共活動に関与する広範囲な組織を含む．そうした意味で，'健康家庭基本法'は，政府，大韓家政学会，NGOである市民モイムらによるガバナンスのもとで成立した代表的な法律であるといえる．

　また，家族政策の伝達体系である健康家庭支援センターの運営にも中央政府，地方政府，市民団体，民間機関，学校などが，協力体系を基盤として参与し，家庭の健康性強化という公共目的の成就に肯定的寄与をしている．中枢的伝達体系機能をする中央健康家庭支援センターは保健福祉家族部から委託を受け「家健モ」によって運営されている．「家健モ」が主務部署である保健福祉家族部の家族政策局と協力して，'健康家庭基本法'の理念にあわせて家族政策を効果的に実践するための多様な法案を備えようとしているのである．また，市郡区健康家庭支援センターも民間団体，福祉館，学校など多様な行為者が地方政府から委託を受け運営している．学校が委託先になる場合の多くは，生活科学大学がその主体になるが，事業遂行の専門性，大学の豊富な人的資源と施設などを活用することによって，その評価は高い．

　今後市場原理が投入されると，家族支援サービスを必要とする対象はもっとも拡大されると期待できる．新しいガバナンスのモデルを開発してより効果的な家族支援システムを構築することが，健康家庭政策の成功的実践のための課題であろう．
〔李　基栄・李　秀眞〕

文　献

チョウヒグム・パクミソク，2004，「健康家庭基本法の理念と体系」，『韓国家庭管理学会誌』，**22**（5），331-344

中央健康家庭支援センター年間事業実績報告書　内部資料，2009

健康家庭支援センターウェブジンホームページ．http://webzine.familynet.or.kr

イジョンジョン，2003，「家庭と社会的資本，そして経済」，『ハンナラ党政策委員会家族解体防止および健康家庭育成支援のための公聴会資料集』，39-53

6 持続的で改善チャンネルのある生活における生活経営力

　現在の私たちの生活は世界経済と密接につながっている．私たちが消費する食品や衣服の多くは海外でつくられ，日本の企業は海外の企業と競争関係にある．海外の株式を購入する日本人も，逆に日本の株式を購入する外国人も多く，お金は国境を越えて動いている．こうしたグローバル経済社会のなかで，世界経済の急速な悪化は日本にも大きな影響を与え，日本経済は不況のまっただ中にある．企業の倒産や解雇が相次ぎ失業者が増大する一方，派遣・パートなどの不安定・低賃金労働者が労働者の半数を占めるようになった．日本人の収入は急速に落ち込み，貧困が大きな社会問題となっている．

　生活に必要なものを自分たちでつくっていた時代は，おいしい食べ物やすてきな衣服は手に入らなくても，社会経済の多少の変動で即「食えなくなる」状況に陥ることは少なかった．しかし現在は，生活に必要なものの大半はお金で購入して生活しており，お金がないと生活が成り立たない．このように市場経済が深く生活に浸透している現在では，収入の落ち込みは即「食えない」状況を招き，健康で安全な生活が脅かされる．「衣食の道」を絶たれた人々は自己破産や生活保護世帯に陥ったり家族崩壊の危機に直面している．

　市場経済化，グローバル経済化によって，人間，家庭，社会は浸食されている．現代の生活は，清潔できれいで一人一人の個性はきらきらと輝いているが，不安定でリスクを抱えた生活基盤の上にあり，少しの衝撃でも割れてしまうガラスのようである．この時代に，輝きは少ないが多少の衝撃でも壊れない，持続的な生活をつくりだす必要があるだろう．次々と襲ってくる衝撃にも壊れない安定した生活を保障するために，現在の生活基盤を改善していくことが求められている．また，守り一方ではなく，生活の課題に立ち向かい改善していくことが，安定的な生活を保障する．そこで本章では，こうした「持続的で，改善チャンネルのある生活」の戦略的な生活経営の方法，また自らが主体

的に参画して暮らしをつくりかえるために必要な生活経営力とは何かを考える．

a. 生活経営とは何か

健康で文化的な生活を送るために，私たちは，生活に必要なもの（モノやサービス）を生みだし，それを利用（消費）して暮らしている．

人々は人間の活動力の源であるエネルギー（能力）を生みだすために，食べて寝る．また，衣服やシェルター（住まい）で暑さ寒さから身を守り，土砂や暴風雨などの危険や害虫や獣などの外敵から身を守る．しかし，こうした基本的・生理的な充足だけでは，明日の充分な活力（エネルギー）を生みだすことは難しい．音楽を聴き，絵画や映画を見，また，コミュニケーションを通じて人間関係を築き，精神的な活力を生みだす．さらに能力を発達させるために学び，体力トレーニングをする．文化的社会的活動である．すなわち図 6.1 に示したように，私たちは生活に必要なモノを消費し，また様々なサービスを利用しながら，生きて活動していくための活力を生みだしている．活力を生みだすためにモノやサービスを消費，利用していくことを「純消費」という．

「純消費」の活動を支えるために生活に必要なモノ・サービスを生みだす．すなわち，人々は綿を栽培し糸から布，衣服をつくる．耕作や飼育をし，調理

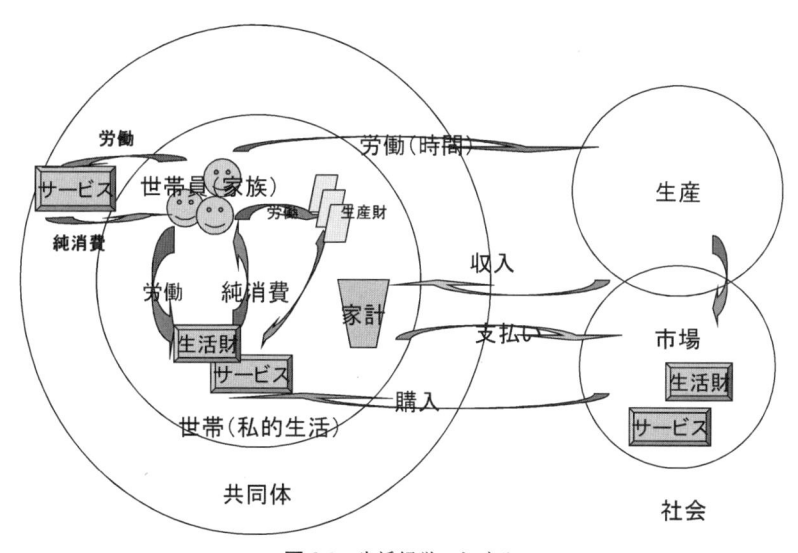

図 6.1 生活経営のしくみ

して食べ物をつくり，住まいやベッドをつくって安眠できる場所を準備する．世帯内生産活動である．また，純消費のために他からの補助が必要な人のために，育児・介護などのサービスも生みだされる．対象物に働きかけ，生活に必要なモノ・サービスを生みだすときに発揮されるのが「労働」である．世帯内で行われる労働を一般に「家事労働」あるいは「世帯内労働」という．

　自給自足の時代には，生活に必要なモノ・サービスは生活者の私的生活のなかで生みだされていた．しかし市場経済が発達すると，その多くは社会的生産組織（企業）の中で生みだされ，生活者に商品として提供されるようになった．生活者はそれらを購入し使用（純消費）する．

　そのために生活者はまず第1に生産組織で働き，モノ・サービスを生産し商品として販売する．社会的生産労働である．社会的生産労働に携わった結果として収入がもたらされる．生活者は得られたお金を支出して市場のモノ・サービスを購入する．現代社会で生活するためには，この収入と支出のマネイジメントは欠かせない．

　また，世帯内および社会的生産組織での労働活動，すなわち人々のエネルギー（能力）と時間の配分のマネイジメントが必要となる．具体的にいえば，世帯員が世帯内労働と社会的生産労働に何時間費やすかというワーク・ライフ・バランスの問題である．現代社会では世帯員が1人の場合も多く，1人のワークライフバランスが問われる．世帯員が複数の場合は世帯（家族）内での立場の違いが反映され，個人のバランスは偏りやすい．家族員それぞれの能力の全面的開花をめざした，ジェンダー視点での労働配分，および労働に充分携われない世帯員（乳幼児や高齢者，障害者など）の労働への関与の仕方とそのための支援などに配慮した労働配分が必要である．

　図6.2は最も働き盛りである40～44歳の男女の生活時間配分である．男も女も仕事や家事・育児の合計に10時間ずつ費やしていても，仕事だけでは女性は男性の半分で，対等でない．その結果女性は周辺的で賃金も安い仕事に甘んじ，一方で働き過ぎの男性を中心に「過労死」が起こる．性別役割分業のライフスタイルが少子化や定年後の男性の生き方の問題を引き起こしているのである．こうした問題を回避するために男女が仕事も家事・育児も分け合って，男女の平均である仕事に8時間弱，家事・育児に2時間半を配分すれば，現在の経済水準を維持しながらもライフ・ワーク・バランスが達成される．

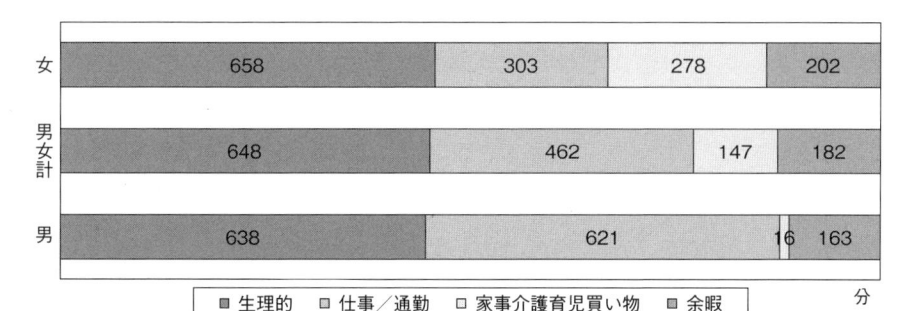

女	658	303	278	202
男女計	648	462	147	182
男	638	621	16	163

■生理的　■仕事／通勤　□家事介護育児買い物　■余暇　　分

図 6.2　40〜44 歳の男女の平日の生活時間（資料：社会生活基本調査 2007）

　こうした労働配分を達成するためには構成員の合意形成と協力が必要である．それは人間関係をどうつくりあげるかという問題である．その多くは家族関係として，時には共同生活者の関係として築かれる．地域では住民同士の結びつきである．こうした人間関係のマネイジメントも必要不可欠である．

　すなわち暮らしを支えるためにはモノ・サービスの生産とその消費，金銭，人（エネルギー・能力），時間，人間関係のマネイジメントが行われる．このようにモノやサービスを使用（純消費）して明日の活力を生みだす活動を「生活」といい，それを支えるための諸活動（「労働」）を「生活経営」という．

　「経営」という営為は企業や団体にもあるが，企業経営などは経済合理性にもとづく利益・利潤を主要な目標として掲げる．それに対して「生活経営」は，人間の基底的な欲求の充足にかかわり，子どもや高齢者といったケアの必要な人々の生活を支える機能も果たしている．

b. 生活経営の守備範囲の広がり

　生活経営の守備範囲は私的生活から周辺へと広がっている（図 6.3 参照）．

　生活の営みは自分たちの暮らしを支える諸活動であり，それは私的生活の内部で行われていた．しかし，その一部が社会的労働に移行すると，私的生活の経営と社会的企業経営が分離し，2 つが対立的に意識されるようになる．

　生活単位が縮小するにつれ，その周辺部分に他の世帯と共同する部分が生まれる．ここではそれを「生活の共同」とする．「生活の共同」は個々の私的個別的生活が重ね合わさったところに生まれ，その組織の構成員は意思にかかわりなく参加し，地理的にも身近な者で構成される．例えば，古くは里山の共同

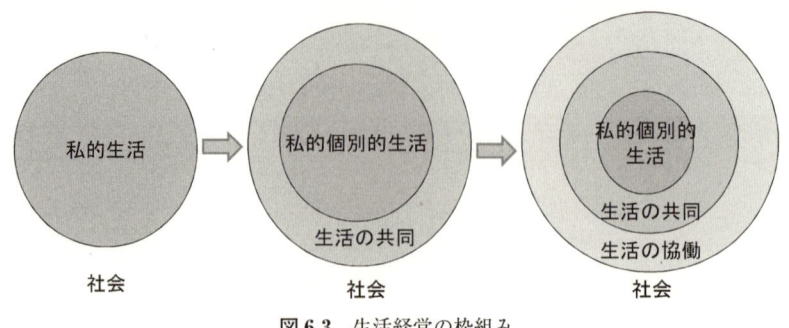

図6.3 生活経営の枠組み

管理であり，現在では集合住宅の管理組合による共同財産・共同使用部分の管理である．PTAや子ども会などの共同である．

一方，生活が外部化され社会経済活動に移行するにつれ，企業活動として提供されるところと生活者の側で必要とされるところとにずれが生じ，様々な問題が起こってくる．両者のずれを解消するために意識的な活動組織が形成される．これをここでは「生活の協働」と称する．そこでは，当事者の共同の生活の延長線上に形成される組織活動というよりも，問題点を明らかにしてその問題解決を目的として，それに賛同した人たちが参加し活動が展開される．主体的に参加する点に特徴があり，参加者は全国に広がることもある．また，当事者に限らず活動に賛同する多くの支援者も含まれる．例えば，収益性が低く財政的負担が大きい高齢者の介護・介助サービス領域は利潤を生む企業活動として提供されにくいゆえに，それを補完する助け合いの組織をつくり高齢者の生活を支える活動が求められる．本書で紹介した多くの事例はこれにあたる．

今日の生活経営の守備範囲は，私的個別的生活にとどまらず「生活の共同」や「生活の協働」の組織運営に広がっており，ますます縮小する生活を支える組織として，こうした生活の共同・協働の部分は拡大している．

c. 生活経営力とは何か

「生活経営力」とは，いうまでもなく生活を経営していく能力のことをさす．
OECDは「単なる知識や技能だけでなく，…特定の文脈の中で複雑な課題に対応できることが出来る能力」（主要能力：キーコンピテンシー）の重要性を提起し，変化の激しい社会を生き抜くために必要な力として「人間力」（社会

を構成し運営するとともに，自立した一人の人間として力強く生きていくための総合的な力）の育成をめざした（中央教育審議会，2008）．なお，生活経営学でいう「自立」とは，一人ですべてを行い他に依存しない「自助」に結びつく概念ではなく，共助，公助につらなる，支援・援助を前提とした「自立」をさす（生活経営学部会，2000）．

　本書で意図する「力」も同様で，単に知識や技能を習得しているだけでなく，生活を運営し変えていく実践的能力である．すなわち自らのくらしを自立的・主体的に営み，生き抜く力が求められる．そればかりでない．生活の矛盾や不均衡といった課題を明らかにし，解決に導く能力も求められる．生活の多くが私的個別的生活の枠組みを超え社会へ広がりをみせている今日では，人々を組織し新たな生活システムをつくりあげていく力が必要である．それは私的個別的生活と共同部分の管理，さらには社会とのインターフェイスへの管理能力，すなわち「総合的生活経営能力」（伊藤，2000）ともいうべき力である．

　これまでも「生活経営力」に類似した提案がいくつかなされている．その1つとして酒井（1973）の「家庭管理能力」があげられる．氏は，A〜Fの6つの柱について，例えば「家庭のお金は予算を立てて使うようにしているか」（A），など，計60項目の設問からなる「家庭管理能力」の評価方法を提起した．家族の欲望は無限に広がり，主婦の家庭管理能力の優劣が家族の目標達成に，ひいては幸福感に影響を及ぼすことが大になった」と述べているように，主婦が担い，欲望の管理に中心が置かれた．

　多重債務や自己破産などの生活問題が顕在化している今日，自らの生活の危機管理能力が求められている．それには，生活を意識化し，家庭における管理的視点を明確にする酒井氏の功績は評価できる．しかしその主体を主婦に限定し欲望の管理に重点をおくことに限界があると考える．「主婦」以外の人の生活経営力のなさが，今日の多重債務や自己破産などの問題を顕在化させたともいえる．また欲望の管理だけでなく，派遣切りやニート問題でも明らかなように就業問題や賃金問題もあわせて考えることが重要である．

　上記と類似した研究として家庭経営学部会（生活経営学部会の前身）が総力をあげて取り組んだ「家庭生活の健全度調査」がある．一つのグループの代表者である湯沢（1989）は，「当該社会で標準的（平均的）とみなされる家庭機能を」持つものを〈健全な家庭生活〉とした．くらしを営む力を余すことなく

提示した点で評価できるが，専業主婦が毎日掃除をしたり食事を作る平均的家庭像を基準にしているところに課題が残る．

横山・大森ら(1980)は，これまでの家庭管理に関する測定方法が家庭内努力に力点が置かれていることを批判し，家庭か仕事かの二者択一でない男女平等の家庭管理の方法を提案した．家庭管理の担い手が主婦から家族員に広がった点を評価できるが，生活の共同・協働までは言及していない．

今日の生活経営には私的個別的な生活のみならず地域も含めた生活をより良い方向へ変革していく組織運営能力が必要とされる．私的個別的生活では家計管理を怠れば自己破産に陥いることもある．集合住宅の管理組合などの「生活の共同」では財務管理や共同作業での公平な労働配分管理や構成員の意思合意形成は重要である．すなわち「生活の共同」における経営力には，金銭（財務）管理や労務管理，合意形成など企業・団体経営に類似した経営力が要求される．

「生活の協働」ではさらに生活価値ともいうべき経営理念や人と人とを結びつける組織力が求められる．利潤追求しないので，NPOの経営に類似している．「企業経営は利潤追求が目的である」が「NPOではミッションの達成が経営の目的」であり，「意志決定は一部のリーダーではなく構成員全員によって行われ」「商品（サービス）の提供を受ける利用者と支払う資金提供者とは異なっている」ので「利用者の満足だけでなく，資金提供者の満足，さらには，労働提供者であるボランティアの満足を考えた経営が必要とされる」という（大竹，2006）．寄付や助成金などに依存する経済的基盤の不安定さを補完するために，市民や行政に働きかける力量が求められる．政策との統合した新たな組織をつくる「市民力」が問われる．

d. 「持続的で改善チャンネルのある生活」の生活経営

私たちはより良い生活を求めて豊かな生活を追究してきた．しかし今人々は「豊かな生活」を見直し始めている．2008年に始まった世界的な金融危機による経済変動のなかで，自己破産や多重債務者が増加し，失業の増大により生活は崩壊しはじめている．こうした生活のリスクを回避し安定的持続的に生活を維持するために，どのような対応をすべきであろうか．

1つには人間らしい生活を継続的・持続的に営める人間らしい労働「ディー

セントワーク」の実現である．それは男女が仕事も家事や育児も分け合ってライフワークバランスを達成することである．複数の世帯員が就業していれば1人の失業が他の世帯員の就労で補完され，世帯全体の生活崩壊は免れるし，男性への仕事の集中を避けることによって，男性の過労死と女性の仕事からの排除による貧困から救い出す．

2つには今までとは違うパブリックへの責任である．長期的で安定的な経済成長のなかで生活を営んできた私たちは，そのライフスタイルによって，無意識のうちに環境破壊をもたらし，競争原理のなかで他人を排除してきた．自然や人々の共生というパブリックを破壊してきたことを反省し，経済成長至上主義を見直し，改めて生活の根元は何かを問い，自然や人々と調和的な生活を営むことによって，持続可能なパブリックを創造する責任がある．それは男女とともに，また子どもや高齢者，障害者がともに参画できるスローなライフスタイルの提案ともつながる．

3つには新しいしくみをつくりだすパートナーシップである．これまでは終身雇用を前提とした企業に頼っていれば生活が守られ，困ったときは国に頼ればフォローしてくれていた．しかし，日本はいつのまにか，こうした枠組みだけでカバーできないフリーターやニート，女性や子ども，高齢者たちが大勢いるようになっていた．パートや派遣労働者などの不安定労働者は，手厚い企業の福利厚生を授受できない．そうした枠組みからこぼれた人の子どもたちもまたその枠組みからこぼれていく．単身で暮らす高齢者たちが増え，年金だけで生活できない人，誰かに介護を頼れない人たちがあふれてきた．こうした人々を包摂する新しい生活のセイフティネットづくりが期待される．そのためには当事者も含んだ私たちが参画してつくらなければならない．市民自治，地域における助け合いネットワークの構築である．本書で取り上げた参加と協働でつくる生活経営の組織や生活主体者が参画する新たな生活ガバナンスはこれらの例である．政府も含めた新たなパートナーシップの創造である．

e. 暮らしをつくりかえる生活経営力を求めて

長期的で安定的な経済成長のなかで生活を営んできた私たちは，積極的に生活をつくりかえなくても，その未来に豊かな生活が保障された．社会環境は所与のものであり，そのなかでどのような選択をしていくかという枠組みのなか

で生活設計を考えてきた．私たちは生活を変えていくことに慣れておらず，多くの日本人は主体的に生活を変革していく意識が低調である．しかし今や，従来の生活の安定を支えていた社会の枠組みが激しく動揺し，受動的な生活の営みや行動では，生活の防衛ができなくなっている．

例えば，性役割分業によって成り立つ近代家族は過去のものとなりつつある．お上に頼る生活の安定や福祉はもはや成り行かなくなった．生活の枠組みは好むと好まざるとにかかわらず，私的個人的生活の枠を超え，様々な人々との共同・協働のなかに投げ込まれている．そのなかでは自ら社会にはたらきかけて，次の時代に即した生活の共同・協働の，生活システムをつくる力が求められている．こうした能力は，地域・社会にはたらきかけ暮らしをつくりかえる生活の営みのなかで育まれる．すなわち，今求められる生活経営力とは，主体的能動的に行動を起こし暮らしをつくりかえる能力であり，またその活動を通してその生活経営力も育まれる． 〔大竹美登利〕

文　　献

中央教育審議会，2008，『新しい時代を切り開く生涯学習の振興方策について―知の循環型社会の構築を目指して―（答申）』，p.6

伊藤セツ，2000，「今，なぜ，生活の自立と共同か　1生活者の自立とは何か」（社）日本家政学会生活経営学部会『福祉環境と生活経営―福祉ミックス時代の自立と共同―』，pp.1-10，朝倉書店

大竹美登利，2006，「経営，管理，マネジメントとは何か―家政学における家庭経営の意味―」，『生活経営学研究』，58-63

酒井ノブ子，1973，『家庭管理能力の研究』，p.33，槙書店

（社）日本家政学会生活経営学部会，2000，『福祉環境と生活経営―福祉ミックス時代の自立と共同―』，p.11，朝倉書店

横山光子・大森和子監修，1980，『新しい家庭生活を考える―家庭生活の健全度調査報告―』，p.99，楽游書房

湯沢雍彦・百瀬靖子，1989，「家庭生活の健全度についての調査・研究　関東地区IIグループ」，『日本家政学会家庭経営学部会会報』，No.9，7-9

終 暮らしをつくりかえる

　生産と消費の循環の結節点にある生活経営は，社会，経済システムの大転換の波を漂流している．人々が自らの生活形成の拠り所としてきた家庭，職場，地域社会における生活機能が縮小・変容・崩壊するなかで，新たな生活経営の構築が求められている．

　不安定な生活を克服するためには，生活経営をとりまく生活の内部的条件（個人，家族の生活意識，家事活動，家庭内耐久消費財など）と外部的条件（商品市場からのモノ・サービス，社会保険・社会福祉制度，生活共同施設など）の質量の充実が不可欠である．さらに，生活の個人別化と社会化が同時進行している現代生活においては，生活の内部的条件と外部的条件の関係性の整序化を実現するための公共政策が必要である．

　これまでのわが国の生活政策を省みると，生活の諸問題の解決に関して，あるときは個人や家族の自己責任に大きくゆだねたり，あるときは社会的にコントロールするなど揺れ動いてきた．経済成長期における勤労主義から消費主義，そして1980年代以降は生活優先主義（生活大国）への転換が声高に叫ばれたものの，生活者の立場にとって実効性のあるものにはならず，現在の生活経営の混乱が導かれたといえるだろう．

　本章では，生活の内部的条件と外部的条件の関係性の変化から生じる生活経営の課題を明らかにし，それに対する公共政策の対応について検討したい．「暮らしをつくりかえる」ためには，経済優先に偏せず，経済と社会のバランスの上に，行政・企業・地域協働型でつくる公共政策が必要であり，それを実質化するためには，本書各章で取り上げられているような生活経営主体の形成と生活経営活動の活性化，そして生活経営支援職（コラム参照）の普及が鍵となる．

a. 生活の内部的条件と外部的条件の関係性の変化

図1に示すように，生活経営のまわりには，生活の内部（主として生活者が生活の拠点としている家庭内）条件と外部（主として生活者の生活圏内）条件がある．現代生活の大きな特色は，個人や家族の生活形成が内部的条件よりも外部的条件に規定されるようになっていることである．

すべての家庭では，多くの生活手段（モノ・サービス）を商品市場から購入している．子ども・障害者・高齢者のいる家庭では，社会保険・社会福祉制度から提供される社会サービスを利用することも増えている．また，地域の生活共同施設を無料または低廉な価格で利用している人も少なくないだろう．

生活の外部的条件の量的整備が進むと，個人や家族の生活意識は外向きになり，家事活動が減少し，家庭内耐久消費財は必需的なものより選択的なものが増えてくる．こうして生活の社会化が進むが，生活の質という点ではなお多くの問題が残されている．例えば，商品市場からの供給が価格・品質の面で，生

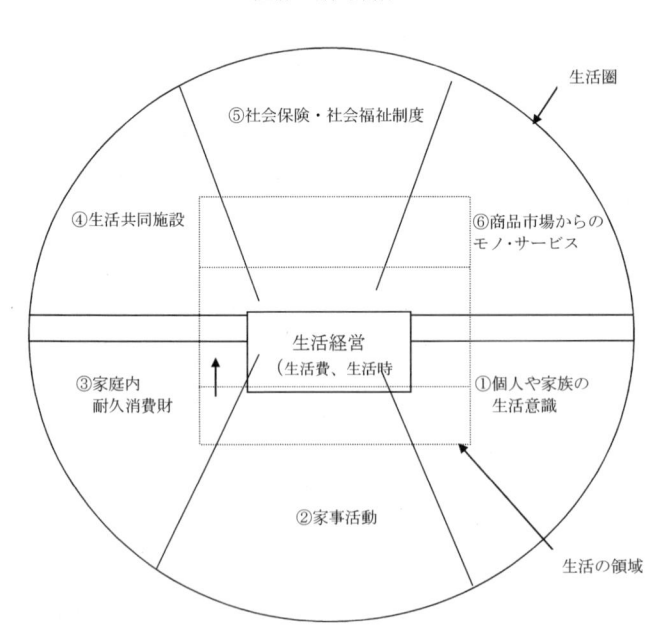

（生活の外部的条件）

```
                    生活圏
    ⑤社会保険・社会福祉制度
④生活共同施設         ⑥商品市場からの
                      モノ・サービス
         生活経営
       （生活費、生活時）
③家庭内              ①個人や家族の
  耐久消費財            生活意識
         ②家事活動
                   生活の領域
```

（生活の内部的条件）

図1　生活の枠組

活者のニーズにあわないことや社会サービスの偏在・欠如によって必要な人が必要なときに利用できない場合がある．また，生活共同施設が一部の住民に占有されて，他の人は使いにくいという状況が多いことも周知のことである．

したがって，公正で良質な商品市場，信頼できる社会保険・社会福祉制度および地域生活を円滑にする生活共同施設などの整備を目指すべき生活の外部的条件の現状においては，質的な面から検討しなければならないことが多い．それに加えて，いやそれ以上に必要なことは，生活の内部的条件の整備である．生活意識（生活観，生活目標）の多様化と稀薄化，家事意欲の減退と家事技術の低下，家庭内耐久消費財の他律化（完成度の高いものや嗜好的なものが増え，使いこなせない，無駄が多い，廃棄しやすい傾向など）の状況を踏まえた内部的条件改善策が不可欠である．

現在，生活の外部的条件と内部的条件の交差するなかで発生し，強められている混乱のなかで，家庭や地域社会の人間関係が切り崩されている．また，便利で効率的になったはずの消費生活によって生活力が減退しただけでなく，生活満足度は低下し，生活への意欲・気力が失われがちであることも放置できない状況である．このような複雑で深化した生活課題に対しては縦割り行政や個別企業での対応は有効でないということも明らかになっており，総合的観点から生活の全体像をとらえて生活環境改善に取り組む公共政策への期待が高まっている．

b. 生活にかかわる公共政策のあり方
(1) これまでの経緯と問題点

第二次世界大戦後の日本人の生活は，一般的には企業から提供される安定的雇用とそれを補う公共政策によって保障されてきた．しかし，1990年代からの経済停滞のもとでの雇用流動化による不安定就労によって新たな生活問題が拡大し，従来型の生活保障システムでは対応できなくなった．そこで，社会福祉などの施策においては，民営化・地方分権化への舵取りがされて，行政主導型の措置制度から自立支援をキーワードとする利用制度への転換が図られた．

この流れは消費者政策にもみられる．国民生活審議会政策部会報告書「21世紀型消費者政策の在り方について」においては，消費者の権利を明確にするとともに，そうした消費者の自立支援を施策の中心とすることが提言されてい

る(2003).さらに『国民生活白書』(内閣府,平成20年版)では,「消費者市民社会の時代」が強調され,「公益的問題へ積極的に参加する消費者・生活者が意識されるようになっている.つまり,自立した消費者から社会の在り方を変える主体としての消費者への転換である」と述べられている(2009, p. 81).

上述したように,2000年代の社会福祉政策や消費者政策は「保護から自立支援へ」という旗印を掲げて事前コントロールから事後チェック体制に軸足を移している.氾濫する商品や社会サービスを選び契約する責任は購入者・利用者にあり,社会的道義に違反する場合のみ行政がかかわる方向に転換されたのである.一見すると,自立支援の強調は生活者の主体性や行動力を尊重するようにみえるが,公共政策で想定する「自立生活」ができない人は,支援の輪から外されるという落とし穴があることも見逃せない.

(2) 公共政策との関係でみた生活モデル

行政主導型公共政策から行政・企業・地域協働型公共政策への移行が図られるなかで,いくつかの異なるタイプの生活モデルが想定できる.

図2に示されるように,横軸上に経済優先性(発展指標として経済のみを重視する)と経済・社会二元性(経済発展だけでは社会の安定,安心は確保できないとする)を置く.縦軸上に行政主導型公共政策と行政・企業・地域協働型公共政策を置く.

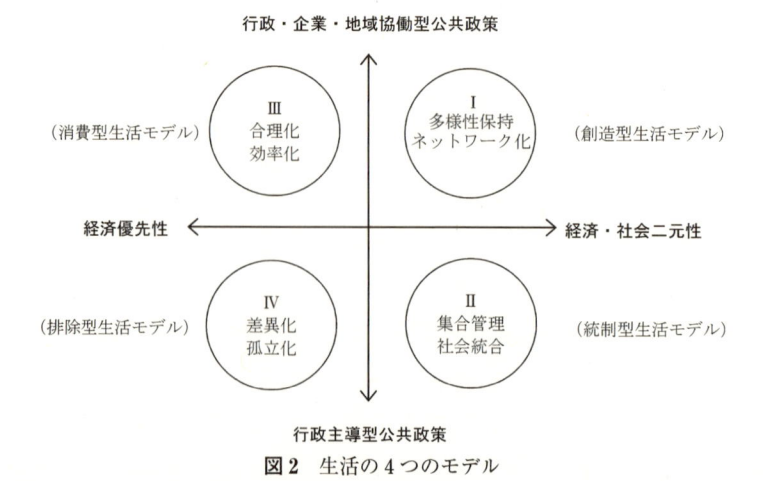

```
                    行政・企業・地域協働型公共政策
                              ↑
                    Ⅲ              Ⅰ
(消費型生活モデル) 合理化         多様性保持    (創造型生活モデル)
                  効率化        ネットワーク化
経済優先性  ←――――――――――――――――――――→ 経済・社会二元性
                    Ⅳ              Ⅱ
(排除型生活モデル) 差異化          集合管理    (統制型生活モデル)
                  孤立化          社会統合
                              ↓
                    行政主導型公共政策
```

図2 生活の4つのモデル

ここには，左下欄の「排除型生活モデル」(一般社会から差異化，孤立化された人々を存在させる)，左上欄の「消費型生活モデル」(商品市場を支える合理的，効率的な消費者として生活者を位置づける)，右下欄の「統制型生活モデル」(社会サービス利用者を行政主導で規制する)そして右上欄の「創造型生活モデル」(生活者自らが市場や行政活動に参画し，多様なネットワークのなかで生活する)を配置できるであろう．

左欄の2つのモデルは，経済優先性の強調するところに出現する．これに対して右欄の2つのモデルは，経済・社会二元性を志向するところに現れる．1960年—1980年代の経済成長優先期においては，形式的には「消費型生活モデル」が基本形とされた．しかし，実際には行政主導型の公共政策のもとで，「排除型生活モデル」も存在していた．とくに社会福祉領域においては，自力で解決できない生活問題を抱えた人に対しては「排除型生活モデル」が適用されることが多かった．1990年代以降の経済停滞期に入ると，雇用の流動化，少子高齢化の進展，男女共同参画の推進などもあり，経済・社会に二元性への移行が必須となった．そこでは，生活者は受動的存在ではなく，能動的に社会に貢献する者として期待されている．地域社会や産業社会を維持するために，老若男女すべての人のもつ様々な知恵・技能・労力の提供が要請されるだけでなく，それを梃子に新たな社会への転換を図るという目標が掲げられている．ここでは「創造型生活モデル」への期待が大きいが，すべての人が能動的に生活できる条件を備えているわけではないので，援助の必要な人を支える最低生活保障システムが備わっていなければならない．ところが，そうした被援助者に対する公共政策の対応をみると，財政難や社会サービス従事者不足のもとで，「統制型生活モデル」によって行政主導型に戻す場合もあるので要注意である．

上述したように，わが国の公共政策と生活モデルは揺れ動いているが，経済成長期とは明らかに異なる生活の外部的条件(商品市場の停滞，社会保険・社会福祉制度へのニーズの拡大と財政難，過密と過疎の広がるなかでの生活環境問題)が生活の内部的条件に与えている影響は大きい．「生活創造型モデル」を定着させていくためには，これまで生活の外部的条件の量的拡大に集中してきた行政・企業の関心と行動を，内部的条件の質に向けさせなければならない．同時に個別生活の内部的条件の充足にしか関心のなかった生活者が，共通

の生活目標をもつ隣人たちと手をつなぎ，行政・企業・地域における生活環境改善に積極的に取り組むことが必要である．

c. 「暮らしをつくりかえながら，人と社会をつくりかえる」生活経営力

　国際化，情報化の進展のなかで，生活環境は限りなく広がり，それに対応するための知識・技術が追いつかない状況がある．家庭・地域における相互扶助や企業・行政からの情報・サービスは不十分であるだけでなく，需給のミスマッチによる不具合も増幅されるなかで，対処療法的な生活を繰り返している人が少なくない．生活経営の重要な柱である生活設計に関しても，中・長期の展望がないまま計画的な生活費・生活時間の使用ができない人も多くなっている．

　こうした時代にあって，生活者・企業・行政は，生活の実態と課題を正確に把握しそれを共有しなければならない．生活の内部的条件にかかわる生活改善に従事する生活経営支援職は，個々の生活者の抱える生活の諸問題への支援だけでなく，生活の内実を企業・行政に伝え，社会システムの変更を促すことが可能であるだろう．また，様々な立場の生活者が，自分の生活改善だけでなく，みんなの生活改善のために行動することによって，「暮らしをつくりかえる」道が拓かれるであろう．

　生活経営学には，「暮らしをつくりかえながら，人と社会をつくりかえる」という使命があると思われる．
〔松村祥子〕

文　献

松村祥子，2000，『現代生活論』放送大学教育振興会
鈴木深雪，2004，『消費者政策—消費生活論—』（改訂版）尚学社
佐口和郎・中川　清編著，2005，『福祉社会の歴史—伝統と変容—』ミネルヴァ書房
大沢真理，2007，『現代日本の生活保障システム—座標とゆくえ—』岩波書店
藤原康晴・本間博文編著，2009，『生活健康研究』放送大学教育振興会

コラム

生活経営支援の専門職

　アメリカのエクステンションサービス（地域での家政学的生活支援活動）やフランスのCESF（社会家政相談員）は，家計管理，消費者権利擁護，地域生活改善などに関する指導・支援に携わる職業である．

　わが国においても，消費生活専門相談員，ヒーブ（企業内家政学士），消費生活アドバイザーの有資格者総数は，2009年現在1万3000人をこえるが，実際に就業している人の割合は多くないし，職種間の連携は進まず総合的生活支援職とはいえない．

　生活不安の高まる現在の日本においては，日常生活についての良質な情報提供，変動する社会への適応促進，家計管理・財産保全・消費者としての権利擁護のための支援および生活設計援助などに関する広い知識と有効な技術をもつ生活経営支援職の確立と普及が強く望まれる．　　　　　　　　〔松村祥子〕

索 引

あ 行

アイデンティティ　29
アクセス・レベル　56
アセスメント　43
新しいシェアリングのかたち　12
アンペイドワーク　114

意識化レベル　56, 61
インクルーシブデザイン　51
インクルージョン　45
インテーク　43

エイジズム　138
エコマネー　106
NPO　37, 79, 87, 160
エリア型コミュニティ　91
エンゼルプラン　77
『エンデの遺言』　107
エンパワメント　71, 111, 116
　——のプロセス　55, 59

か 行

介護保険制度　64
会社コミュニティ　1
外部化　158
家健モ　147
家事活動　164
家事労働　156
河川環境保全　129
河川整備　133
家族経営協定　114
家族支援システム　145
家族相談　150
家族のつながり　31
価値観　8
価値体系　8
価値の社会化　8
価値の調整　9
価値の普遍性　11
家庭管理能力　159
家庭生活の健全度調査　159
家庭内耐久消費財　164

家庭福祉士　146
ガバナンス　5, 120, 146
ガバメント　5, 120
過労死　156
環境　135
環境学習　134
環境基本計画　125
環境教育　135
環境美化運動　135
環境負荷　132
関係性　39

危機管理能力　159
企業活動　158
企業経営　160
企業福祉　1
寄附　107
基本的ニーズ・レベル　56
旧姓使用　26
共助　3, 24, 33
共食　94
行政・企業・地域協働型公共政策　163, 166
行政主導　129
行政主導型公共政策　166
協働　39, 89, 137
共同化　51, 57
協同化　51, 57
協働化　51, 57
協同居住　93, 97
協働経済　102
居住者組合　94
金銭資源　67
勤労主義　163
勤労の義務　46

ケア　14
経済・社会二元性　166
経済成長至上主義　161
経済成長優先期　167
経済停滞期　9, 167
経済優先性　166
啓発活動　132
結婚家族　69

健康家庭基本法　146
健康家庭支援センター　146
健康家庭事業　148

合意形成　15
公共化　51, 57
公共性　120, 137
公共政策　163
公共的価値　122
公共の討議空間　123
合計特殊出生率　20
公助　3, 24, 33
公的領域　138
高度経済成長期　9
合理的　97
交流　97
　——の質　142
高齢化社会　19
高齢化率　19
高齢社会　19
高齢者世帯　20
高齢者問題世界会議　143
国際化　168
国民負担率　2
国連勧告　33
互恵性　142
互恵的共生社会　144
心の豊かさ　11
互酬　106
戸籍姓　27, 29
子育てサークル　38
子育て支援　33
国家通貨　102
コーディネーター機能　100
コーディネート　95
コーディネート機能　100
子どもの姓　31
コ・プロダクション　108
コミュニケーション　100
コミュニケーション能力　97
コミュニティ　13, 102, 135, 138
コミュニティウェイ　107
コミュニティ・ガバナンス　122

コモンミール 94
雇用流動化 1, 165
コレクティブハウス 93
コントロール・レベル 62

さ 行

財政難 167
サービス 99
参加 89
　——と協働の生活経営 84
　——の技法 127
参画 161
参加保障 142
参加レベル 56, 61

ジェンダー視点 156
時間資源 13, 103
時間通貨 108
時間の選好 11
時間預託 105
事後チェック体制 166
資産価値 97
事実婚 27
　——による弊害 28
自主運営 93
　——のシステム 98
自助 3, 24, 33
事前コントロール 166
自然と生命の再生産 7
持続可能性 13
持続可能な社会 106
持続的で,改善チャンネルのある生活 154
実践活動 35
私的個別的生活 158
市民活動団体 84
市民参加型社会 4
市民団体 87
市民力 160
社会参加 142
社会的価値 7
社会的企業 82
社会的生産労働 156
社会的排除 57
社会的包摂 57
社会の責任 45
社会への帰属 48
社会保険 46
社会保険・社会福祉制度 164

集住コミュニティ 94
住宅支援 46
住民協働型の計画策定 125
住民協働型の政策評価 125
住民参加 129, 136
住民参加型技術 126
住民参加型調査 124
住民主導 137
就労支援 46
受益型消費 109
受益と選択の生活経営 84
主体性の確保 14
純消費 155
使用価値 97
少子高齢化 167
少子高齢社会 19
商店街活性化 105
消費型生活モデル 167
消費者ローン 67
消費主義 163
情報化 168
情報交換 132
職業観 11
女性差別撤廃条約 23
女性農業者 110
女性の貧困実態 47
ショートステイ 43
自立支援 165
新エンゼルプラン 77
親密圏にある人々 38

水質汚濁防止法 132
水生生物調査 134

生活 50
　——の価値 7
　——の基礎単位 50
　——の規範 7
　——の協同 99
　——の共同 157
　——の協働 158, 160
　——の質 143
　——の社会化 50
　——の豊かさ 97
　——のユニバーサルデザイン 51
生活改良普及員 112
生活価値 160
生活ガバナンス 120, 129

生活環境 51
生活環境改善 165
生活共同施設 165
生活経営 5, 8, 157
生活経営支援職 163, 168
生活経営主体 16, 23, 34
生活経営力 54, 155, 159
生活形成 164
生活再建 72
生活資源 51, 67, 75, 138
　——の種類 52
生活資源コントロール 50, 55
生活主体 23, 40
生活主体者 161
生活政策 163
生活設計 168
生活創造 96
生活(標準)モデル 1, 167
生活保護 71
　——の目的 46
生活保障 22, 165
生活満足度 165
生活目標 14, 168
生活様式 16
生活リスク 70
生活枠組み 16
正規雇用者 2
生殖家族 69
生/生命への配慮 122
政府統治 120
性役割分業 156, 162
世帯 17
世代間交流プログラム 137
世代間の価値の調整 13
世帯内生産活動 156
世帯内労働 156
セーフティネット 45, 65, 71
選択的夫婦別姓 27, 31

総合学習 134
総合的生活経営能力 159
相互扶助 46, 104, 108
相互変容 56
創造型生活モデル 167
相対的貧困率 47
ソーシャル・キャピタル 102

措置制度 165

索引

た 行

第一セクター　84
耐久消費財　54
第三セクター　86
第二セクター　84
多重債務者　67
多世代交流　96
多世代複合型　95
WHO　143
男女共同参画　22, 167
男女共同参画社会基本法　23

地域再生　107
地域資源　103
地域通貨　99, 102
地域福祉計画　124
治水・利水　129
中間的な領域　13

通称使用　26
「つどいの広場」事業　36
妻の姓を選択　28, 31

定位家族　69
提言　130
ディーセントワーク　160
テーマ型コミュニティ　91
テンプル大学世代間学習センター　139

当事者ニーズ　57
統制型生活モデル　167
同姓（氏）婚　29
特定非営利活動促進法　85
特定非営利活動法人　88
トランスフォーメーション　56
とりもどせ生き生き川懇談会　130
ドロップイン　36

な 行

ニーズ解釈の政治　122
日本型雇用慣行　21
人間関係の貧困　46
人間の活動力　155
人間力　158
認知症高齢者　42

ネットワーク　32, 99, 115, 152
農業委員　116
農業改良普及所　111
農業者年金　114

は 行

排除型生活モデル　167
ハウジング・ファースト　45
ハウジング・ファースト・アプローチ　41
パートナーシップ　14, 114, 117, 161
母親の学び　35
パブリックリソース　85

BOD　130
非正規雇用者　2
ヒューマン・サービス　138
病児・病後児保育　75, 78
標準家族　21
貧困　22
　──の女性化　48
　──の連鎖　47
貧困率　22

ファミリー・サポート・センター　78
不安定就労　165
夫婦同氏（姓）　26
夫婦別姓　26
夫婦別姓選択制実現協議会　32
福祉環境　51
福祉国家　3
福祉社会　4
福祉多元化論　4
福祉の産業化　4
福祉の市民化　4
福祉ミックス論　4
福利厚生　2
プライバシー　99

別姓夫婦の子どもたちのアンケート調査　31
変容する家族　16

補完通貨　102
母子家庭　43

ポスト高度経済成長期　9
捕捉率　71
ほっとポット　41
ホームレス　41
　──への支援　41
ボランタリーな経済　109
ボランティア　134
ボランティア切符　105

ま 行

マネジメント　88

民営化・地方分権化　165
民法改正　32
民法上の夫婦　26

モデル家族　21
モニタリング　43

や 行

豊かさ　98
豊かな生活　160

「予防型」のまちづくり　127

ら 行

ライフスタイル　135, 161
ライフ・ポリティックス　122
ラウンドテーブル　127

リスク構造　57
利息制限法　73
リーダー　115
利用制度　165

連帯　46

労働　156
ローカル・ガバナンス　121

わ 行

ワーキングプア　44
ワークショップ　127
ワーク・ライフ・バランス　14, 22, 156
ワンストップサービス　47

暮らしをつくりかえる生活経営力　　定価はカバーに表示

2010年 3月20日　初版第1刷
2019年 2月 1日　　第6刷

編　者　(社)日本家政学会
　　　　生活経営学部会

発行者　朝　倉　誠　造

発行所　株式会社　朝　倉　書　店
　　　　東京都新宿区新小川町 6-29
　　　　郵便番号　162-8707
　　　　電　話　03(3260)0141
　　　　Ｆ Ａ Ｘ　03(3260)0180
　　　　http://www.asakura.co.jp

〈検印省略〉

© 2010 〈無断複写・転載を禁ず〉　　　　　Printed in Korea

ISBN 978-4-254-60020-9　C 3077

JCOPY <(社)出版者著作権管理機構 委託出版物>

本書の無断複写は著作権法上での例外を除き禁じられています．複写される場合は，そのつど事前に，(社)出版者著作権管理機構（電話 03-3513-6969, FAX 03-3513-6979, e-mail: info@jcopy.or.jp）の許諾を得てください．

日本家政学会生活経営学部会編
福祉環境と生活経営
―福祉ミックス時代の自立と共同―
60015-5 C3077　　　Ａ５判 192頁 本体2800円

生活を取巻く家族，地域，企業，行政の状況を分析し，主体的に安定的な生活形成を提言。〔内容〕今なぜ生活者の自立と共同か／家族・地域の中での自立と共同／福祉における産業化と市民化／企業社会の変容と生活保障／時代を拓く自立と共同

三東純子編
21世紀のライフスタイル
―豊かさとゆとりを求めて―
60007-0 C3077　　　Ａ５判 200頁 本体2800円

21世紀を家庭経営学の立場から展望，真に豊かでゆとりある生活実現のための提言〔内容〕物の豊かさと心の豊かさの調和／高齢社会への対応／情報化・高度技術化の渦中で／国際化の影響と展望／ゆとりある生活を築くために

前日本女大 長田真澄編
現代の生活経済
60018-6 C3077　　　Ａ５判 216頁 本体3200円

世帯構造の激変に伴なう生活と経済の変動を読み解く。〔内容〕世帯構造と経済環境／地域間再分配政策／家計／中食市場と家族／介護／NPO活動／教育保障／教育制度／食生活／食生活指針と食教育／学校教育と家庭教育／地域社会の変化／他

聖心女大 鶴田敦子・神戸大 朴木佳緒留編著
現代家族学習論
60012-4 C3077　　　Ａ５判 192頁 本体2800円

家族の現状と課題を分析し，「家族」学習の意味とその方向性を提案。〔内容〕現代家族を読む視点／家族の学習／家庭科における「家族」学習／家族に関する諸実践の特徴とこれからの課題／「家族」学習への提案／他

日本家政学会編
新版 家政学事典
60019-3 C3577　　　Ｂ５判 984頁 本体30000円

社会・生活の急激な変容の中で，人間味豊かな総合的・学際的アプローチが求められ，家政学の重要性がますます認識されている。本書は，家政学全分野を網羅した初の事典として，多くの人々に愛読されてきた『家政学事典』を，この12年間の急激な学問の進展・変化を反映させ，全面的に新しい内容を盛り込み"新版"として刊行するものである。〔内容〕Ⅰ．家政学原論／Ⅱ．家族関係／Ⅲ．家庭経営／Ⅳ．家政教育／Ⅴ．食物／Ⅵ．被服／Ⅶ．住居／Ⅷ．児童

前奈良女大 梁瀬度子・和洋女大 中島明子他編
住まいの事典
63003-9 C3577　　　Ｂ５判 632頁 本体22000円

住居を単に建築というハード面からのみとらえずに，居住というソフト面に至るまで幅広く解説。巻末には主要な住居関連資格・職種を掲載。〔内容〕住まいの変遷／住文化／住様式／住居計画／室内環境／住まいの設備環境／インテリアデザイン／住居管理／住居の安全防災計画／エクステリアデザインと町並み景観／コミュニティー／子どもと住環境／高齢者・障害者と住まい／住居経済・住宅問題／環境保全・エコロジー／住宅と消費者問題／住宅関連法規／住教育

子ども総研 平山宗宏・大正大 中村　敬・子ども総研 川井　尚編
育児の事典
65006-8 C3577　　　Ａ５判 528頁 本体15000円

医学的な側面からだけではなく，心理的・社会的側面，また文化的側面など多様な観点から「育児」をとらえ解説した事典。小児科医師，看護師，保健福祉の従事者，児童学科の学生など，さまざまなかたちで育児に携わる人々を広く対象とする。家庭医学書とは異なり，より専門的な知識・情報を提供することが目的である。〔内容〕少子化社会の中の育児／子どもの成長と発達／父子関係／子どもの病気／育児支援／子どものしつけ／外国の育児／子どもと社会病理／虐待とその対策／他

上記価格(税別)は2019年 1月現在